Südindien

Claudia Schneider (Text) · Gernot Huber (Fotos)

EINLEITUNG

Das Erbe der Moguln und Maharadschas

Eine Region, von Kultur, Religion und Geschichte getränkt – das ist Südindien mit den Bundesstaaten Goa, Karnataka, Tamil Nadu, Andhra Pradesh und Kerala. Hinduistische und muslimische Herrscher hinterließen dort in Jahrtausenden Meisterwerke der Baukunst (Foto: Keshavara-Tempel, Somnathpur). Umgeben ist das Land von Meer und Palmenstränden.

Kein Land ist für Europäer so vielfältig und zugleich so fremdartig wie Indien: Götter, Geister und Gurus bevölkern Tausende von Tempeln, Moscheen, Kirchen und Ashrams. Millionen von Pilgern, Yogis, Asketen und Sadhus ziehen alljährlich durch das Land. Die meisten sind Hindus und auf der Suche nach dem höchsten Ziel: der Befreiung vom ewigen Kreislauf der Wiedergeburt. Nirgendwo prallen die Gegensätze so kraß und ohne Puffer aufeinander: Slums und Paläste, Satelliten und Ochsenkarren, Yuppies und nackte Wanderasketen, »heilige« Kühe und »Unberührbare«, Dörfer und wuchernde Metropolen, Kultur und Verfall, traumhafte Naturlandschaften und stinkende Kloaken – Indien ist gleichzeitig atemberaubend schön und abgrundtief häßlich, steinreich und bettelarm, spannend und verletzend zugleich.

Und jeder der 25 Bundesstaaten dieses Riesenreiches ist ein Kosmos für sich. Die südindischen Staaten Goa, Karnataka, Andhra Pradesh, Tamil Nadu und Kerala unterscheiden sich in ihren Menschen, Landschaften, Kulturen, Küchen, Sprachen und Sehenswürdigkeiten ebenso voneinander wie der Süden Europas. Und wiederum der gesamte Süden Indiens ist mindestens so verschieden vom Norden wie der Europas.

Schon im Altertum Kontakte zu fremden Kulturen

Umgeben von der Arabischen See im Westen, der Bucht von Bengalen im Osten und dem Indischen Ozean im Süden, war die südindische Halbinsel in ihrer langen Geschichte politisch wie kulturell isolierter als der von Nachbarländern umrahmte Norden. Dennoch pflegten Südinder bereits im Altertum Kontakte zu fremden Kulturen: Sie brachten die hinduistische Religion nach Malaysia und Indonesien; mit Griechen, Phöniziern, Arabern und Chinesen unterhielten sie Handelsbeziehungen.

Kriegerische Auseinandersetzungen innerhalb Südindiens ließen stets neue hinduistische Dynastien entstehen und vergehen, bis im frühen Mittelalter muslimische Eroberer aus Zentralasien über Nordindien in den Süden vordrangen und die europäischen Seemächte ab dem 16. Jahrhundert um die Vormachtstellung in Indien stritten.

Nach der Unabhängigkeit 1947 wurde Indien, mit Rücksicht auf die Eigenheiten

Goa bietet Exotik unter Palmen mit europäischem Akzent

Goa ist der 25. und mit 3702 Quadratkilometern kleinste Bundesstaat der Indischen Union. Er bietet neben seinen Palmenstränden eine einzigartige Mischung von indischem und portugiesischem Kulturgut. Denn im Gegensatz zu den britischen Kolonialherren, die Wert auf Distanz legten, vermischten sich die Portugiesen mit den Goanern und nahmen Einfluß auf ihre Lebensweise.

Palolem Beach gilt als eine der schönsten Buchten Goas

Zur St.-Francis-Prozession in Alt-Goa kommen Christen aus ganz Indien

der verschiedenen Regionen, allmählich als föderalistischer Staatenbund organisiert. Als letzter Gliedstaat trat Goa 1961 nach dem erzwungenen Abzug der Portugiesen der Indischen Union bei. Obschon kaum größer als Luxemburg, ist Goa die in Europa bekannteste Region Südindiens. Ende der sechziger Jahre hatten Hippies die Sandstrände Goas entdeckt, und heute kennt der Ministaat als einziger Südindiens einen – relativ bescheidenen – Massentourismus. Trotzdem ist die Meinung weit verbreitet, der 600 Kilometer südlich von Bombay gelegene Küstenstreifen an der Arabischen See sei eine Insel oder ein selbständiges Land. Die Goaner selbst schätzen dieses Image, denn sie fühlen sich kulturell eigenständig und legen Wert auf die Tatsache, daß sie 450 Jahre lang unter dem Einfluß der Portugiesen standen.

Diese Mischung aus Wohlbekanntem und Exotischem macht Goas Charme aus. Nirgendwo sonst in Indien können sich westliche Besucher so gelassen den gewohnten Annehmlichkeiten des Lebens hingeben. Die Strände sind ideal zum Ausspannen, das Hinterland lockt zu gemütlichen Fahrten durch Reisfelder, Cashewnußplantagen und beinahe me-

Fahrräder, Pferdekutschen und motorisierte Rikschas gehören in Indien zum Straßenverkehr

Aihole: Wiege der indischen Tempelbaukunst

Gulbarga: Hazrat Gesu Daraz Mausoleum

diterran anmutende Dörfer. Die Armut ist nicht so ausgeprägt wie in den anderen Ländern der Indischen Union: Goa gehört zu den Staaten mit dem höchsten Lebensstandard.

Ganz anders dagegen der Nachbarstaat Karnataka jenseits der West Ghats. Diese parallel zur Arabischen See jäh aufsteigende Bergkette trennt die schmale Malabarküste vom Landesinnern. Im Osten verlaufen die sanft abfallenden East Ghats parallel zur Koromandelküste, und im Norden der beiden Bundesstaaten Karnataka und Andhra Pradesh verläuft das Dekhan-Plateau quer über die südindische Halbinsel. Bis zu dieser natürlichen Grenze waren im Mittelalter die

Pondicherry: Eingang zum Gouverneurspalast

muslimischen Sultane vorgestoßen. Deshalb prägen auf dem Dekhan-Plateau Moscheen, Minarette und Forts die Skyline historischer Städte.

Im südlichen Flachland Karnatakas haben hingegen hinduistische Dynastien faszinierende Tempelstätten hinterlassen, welche die Entwicklung der aus Stein gehauenen und geschliffenen Baukunst von den Anfängen in Badami bis zur Perfektion in Hampi dokumentieren. Jede Mauer, jeder Tempel, jede Nische und Ecke erzählt mit seinen Figuren Geschichten und Legenden.

Trotz seiner reichen Historie gibt sich Karnataka fortschrittlich orientiert. Die dynamische Hauptstadt Bangalore profiliert sich als modernste Metropole Südindiens. Sie hat sich zur »Tempelstadt der Technologie« entwickelt: Hier hat das indische Raumforschungsinstitut ISRO seinen Sitz, das seit 1988 eigene Satelliten ins Weltall schießt, in Bangalore gibt es zahlreiche Unternehmen aus den Bereichen Flugzeugbau, Elektrotechnik, Computer- und Software-Herstellung, zahlreiche internationale Unternehmen – auch deutsche – lassen in der 4,5-Mil-

Der Sri Venkateswara-Tempel bei Tirupati ist ein bedeutendes südindisches Pilgerziel

Vivekananda-Tempel am Cape Comorin

Anders als Andhra Pradesh, in dem muslimische Eroberer im Norden ihre Spuren hinterließen, konnte Tamil Nadu sein hinduistisches kulturelles Erbe über die Jahrhunderte bewahren.

Bettler in Hyderabad (unten)

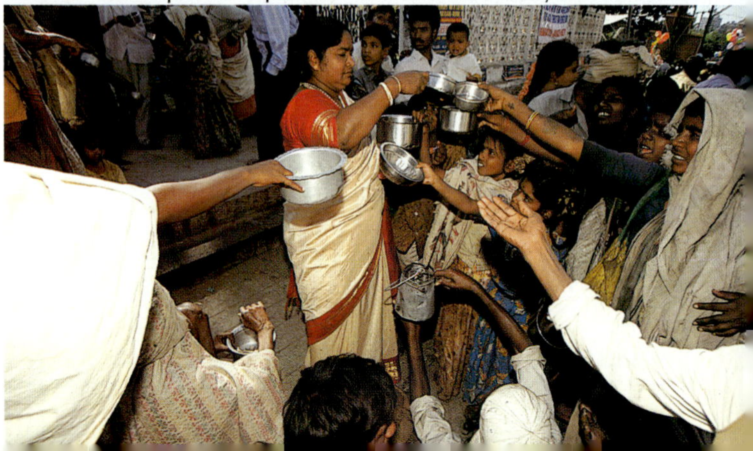

lionen-Einwohner-Metropole ihre Computerprogramme entwickeln. Die schönste Stadt Karnatakas ist allerdings das kleinere, 140 Kilometer entfernte Mysore. Denn die ehemalige Kapitale der Wodeyar-Dynastie hat sich mit ihren Palästen und Palais immer noch etwas vom Charakter einer Maharadscha-Residenz bewahren können.

Von Mysore weiter gen Süden, durch den Bandipur-Nationalpark und über die Grenze nach Tamil Nadu, gelangt man bergan in die kühle Gebirgswelt der Tee- und Kaffeeplantagen am Schnittpunkt der West Ghats und East Ghats. Dort, am Fuß der Nilgiris-Berge, beginnt das trockene Mittelland mit bewässerten Reisfeldern und Baumwollplantagen, das sich bis ins provinzielle Zentrum Tamil Nadus ausbreitet. In den Tempelstädten Madurai, Tiruchirappalli, Tanjavur oder Kanchipuram blüht das religiöse Leben seit über zwei Jahrtausenden. Hier steht die Zeit still, und dennoch geht das Leben weiter und pulsiert in den Tempeln: vor dem Eingang säuberlich aufgereiht die zahlreichen Bettler, im Innern Rituale und Opfergaben, Tempelelefanten mit dem Stigma ihres Gottes auf der Stirn, Priester mit der Brahmanenschnur um den nackten Oberkörper, der Duft der Räucherstäbchen, die Blüten im Haar der Pilgerinnen, die Musik – die Flut der Eindrücke ist überwältigend.

Handy an der Hauswand: Madras

Madras: Schülerin der Kalakshetra-Akademie

Kampf der Könige um den schönsten »Götterberg«

Weil die Errichtung eines Tempels dem Stifter religiöse Verdienste einbringen soll, überboten sich Könige und Fürsten gegenseitig mit dem Bau extravaganter Heiligtümer: Bis zu 50 Meter hohe Türme, Gopurams, ragen über die Eingangsportale, die zwischen Ringmauern Einlaß zu den üppig dekorierten Heiligtümern gewähren. Bedeckt sind diese »Götterberge« von Millionen ineinander verschlungener Figuren – Helden, Dämonen, Zwergen, Riesen, himmlischer Wesen.

In Tamil Nadu sind hinduistische Tradition und Kultur reiner erhalten als anderswo; Tamil, die Sprache der Tamilen, hat die Lyrik, den Tanz und das Theater im ganzen Süden beeinflußt. Die Gesellschaftsstrukturen gelten als sehr konservativ, und trotzdem ließen sich in Tamil Nadu bedeutende Philosophen nieder, deren unorthodoxe Lehren, von fernöstlicher Weisheit durchdrungen, schon zu ihren Lebzeiten um die Welt gingen: Krishnamurti kam als Kind nach Madras, in die atemberaubende Hauptstadt im Norden Tamil Nadus, wo Briten ihren ersten Handelsposten in Indien errichtet hatten. Vivekananda versank am Cape Comorin in Meditation – dort, wo die südindischen Meere aufeinandertreffen. Sri Aurobindo floh als Unabhängigkeitskämpfer von Kalkutta nach Pondicherry in die winzige französische Enklave an Tamil Nadus Küste. Um den Ashram, die spirituelle Lehrstätte des verstorbenen Yogameisters, hat die Ville Blanche, das ehemalige Wohnviertel der Franzosen, koloniales Ambiente bewahrt. An dem Kanal pulsiert der südindische Alltag, und zehn Kilometer außerhalb Pondicherrys,

Ausspannen am Lighthouse Beach in Kerala

in Auroville, begann Ende der sechziger Jahre ein überall auf der Welt beachtetes gesellschaftliches Experiment: Menschen aus allen Teilen der Erde erprobten hier neue Formen des Zusammenlebens. Doch die Hoffnungen waren trügerisch, das Zukunftsprojekt kämpft immer noch mit der widerspenstigen Realität um sein Überleben.

Andhra Pradesh, Tamil Nadus nördlicher Nachbarstaat, erhält weniger Aufmerksamkeit von ausländischen Besuchern. Für Inder hingegen steht die uralte Pilgerstadt Tirupati ganz oben auf der Wunschreiseliste. Denn hier, in der Südostecke des ausgedehnten Staates, residiert Sri Venkateswara – der Gott des Reichtums und der geschäftlichen Erfolge. Seit der Wirtschaftsliberalisierung Anfang der neunziger Jahre hat nicht nur Sri Venkateswara Hochkonjunktur. Der Wirtschaftsboom war kürzlich Anlaß für eine landesweite Studie, die Hyderabad, die Hauptstadt von Andhra Pradesh, als eine der ausbaufähigsten Metropolen Indiens identifiziert. Doch unbeirrt von dieser Einschätzung versetzt Hyderabads Altstadt mit Basarstraßen voller Marktschreier und Perlenhändler seine Besucher in die Welt indischer Märchen – vor allem die, die daran glauben mögen: Andrah Pradesh gehört immer noch zu den ärmsten und am wenigsten entwikkelten Staaten Indiens.

Ein wohltuender Kontrast dazu ist Kerala – auch farblich: Den Süden des Landes bedecken die Backwaters, ein Netz aus Kanälen, Flüssen, Seen und Lagunen, ein grünes wucherndes Wunder mit endlosen Kokospalmenwäldern, Bananenplantagen und Reisfeldern. Auf dem schmalen Küstenstreifen zwischen Arabischer See und West Ghats reihen sich die Dörfer aneinander, in denen Tempel, Moscheen und Kirchen einmütig nebeneinander stehen. Kerala ist der am dichtesten bevölkerte Staat Indiens, und angesichts der Massen von Menschen, die sich überall befinden, beeindruckt der sanftmütige Umgang miteinander.

Tropisches Musterland unter Palmen: Kerala

Und zudem ist Kerala Indiens »Musterstaat«: Nahezu jeder kann hier lesen und schreiben. Hier gibt es kaum krasse Armut, keine großen Slums, das Gesundheitssystem ist vorbildlich. Dies ist das Ergebnis einer kommunistisch orientierten Politik, die ebenso Tradition wie Einfluß in der Gegenwart hat. Keralas Wirtschaft ist hingegen rückständig und stark abhängig von zahlreichen Emigranten, die vorwiegend aus arabischen Ländern Geld nach Hause schicken und damit die leeren Kassen füllen.

Die Tourismusbranche gewinnt in Kerala zunehmend an Bedeutung: Nahe der Hauptstadt Trivandrum bietet sich Kovalam Beach neuerdings den Pauschaltouristen als Alternative zu Goa an. Durch die Kanäle der Backwaters tuckern Fähren und gleiten Hausboote, im Periyar-Nationalpark präsentieren sich Südindiens Flora und Fauna. Cochin bietet die Atmosphäre einer alten Handelsstadt.

Doch auch in Kerala offenbart sich Indien in all seinen Extremen. Auch hier existieren Steinzeit und Computerzeitalter, Reichtum und Armut, Verfall und eine faszinierende Kultur direkt nebeneinander. So oder so: Südindien läßt seine Besucher nie kalt.

Immer zu haben sind Bananen

Ein Kathakali-Darsteller wird geschminkt

Kathakali-Darsteller lernen in Cheruthuruthy Körperbeherrschung (unten)

Ein Tempelelefant bespritzt sich zur Erfrischung mit Wasser

Immergrün erstreckt sich Kerala an der Malabar-Küste. Wegen seiner vorbildlichen Sozialpolitik gilt es als »tropisches Musterland«. Allerdings verfügt Kerala kaum über Industrie, sondern lebt vorwiegend von der Landwirtschaft. Hinter der Küste mit ihren vielen Buchten erstreckt sich ein Labyrinth von Seen, Flüssen und Kanälen, in die Kokoswälder, Bananen-, Cashewnuß- und Kautschuk-Plantagen sowie Reisfelder eingebettet sind. Einzigartig ist in diesem Land die Kathakali-Tanzkunst, in der uralte indische Mythen erzählt werden.

Trivandrum: Kochen zum Pongal-Fest

GOA Indien zum Kennenlernen

Rund 450 Jahre herrschten die Portugiesen in Goa, bis sie 1961 abzogen. Deshalb wirkt es »europäischer« als der Rest Indiens. Dort kann man sich langsam, ohne den üblichen Kulturschock, gewöhnen an das faszinierende »Land der Extreme«. Aber exotisch ist das kleine Goa mit seinen palmengesäumten Stränden (Fotos: Palolem Beach) dennoch.

Goa ist Indien – und doch ganz anders. »Perola da Oriente«, Perle des Ostens, nannten die Portugiesen diesen Landstrich im Südwesten Indiens zwischen dem Arabischen Meer und dem dschungelbedeckten Sahyadri-Gebirge. Auf der Suche nach Gewürzen kamen sie zu Beginn des 16. Jahrhunderts hierher, blieben 450 Jahre und hinterließen dem überwiegend hinduistischen Land ihr iberisches Erbe, das noch heute vielerorts

Hochzeitsgesellschaft in Alt-Goa

spürbar ist. Westliches vermischt sich hier auf eigentümliche Weise mit Östlichem. Der Kulturschock, der Indienreisende beispielsweise in der Zwölf-Millionen-Metropole Bombay unvermeidlich trifft, fällt in Goa weit geringer aus. Dieser nur rund 3700 Quadratkilometer große Bundesstaat ist einer der wohlhabendsten Indiens. Die Einheimischen können lesen und schreiben, viele sprechen auch Englisch. Die medizinische Versorgung ist gut. Die Löhne liegen über dem Landesdurchschnitt, und die Industrie bietet auch Arbeit für Einwanderer aus den benachbarten Bundesstaaten.

Mehr als in vielen anderen indischen Bundesstaaten gehören in Goa Gelassenheit, Humor und Höflichkeit zum Alltag der Menschen. Die Scheu, mit der viele Hindu-Frauen anderswo gegenüber Männern auftreten, findet man hier kaum – und das mit gutem Grund: Goas Gesetze legen zum Beispiel fest, daß eine verheiratete Frau Anspruch auf die Hälfte des gemeinsamen Vermögens hat. Eine Regelung, die in Indien nicht selbstverständlich ist. Dort brauchen Frauen eine hohe Mitgift oder einen Universitätsabschluß, wenn ihre Vermählung eine »gute Partie« werden soll. Die Zeitungen berichten täglich von »Mitgiftmorden«, bei denen lästig gewordene Schwiegertöchter offiziell am Kerosin-Herd Feuer fingen. Doch der relative Wohlstand ist es nicht, der die Touristen nach Goa lockt. Sie kommen wegen der Küste, die sich zwischen den Nachbarstaaten Karnataka im Süden und Maharashtra im Norden als über hundert Kilometer langer, breiter, feinsandiger und palmengesäumter Strand erstreckt, der gelegentlich von Flüssen und Felsen unterbrochen wird.

Die Portugiesen zogen 1961 aus Goa ab – wenige Jahre, bevor die ersten Hippies nach Calangute kamen. Damals hatte das Fischerdorf nördlich der Hauptstadt Panaji weder Strom noch fließendes Wasser. Die Aussteiger lebten in einer Subkultur, die auch Rockbands wie »The Who« anlockte, und ältere, in Goa hängengebliebene Semester schwärmen noch heute von den damaligen Parties.

Statt Hippies und Aussteigern kommen Pauschaltouristen

Seit den späten achtziger Jahren bringen Charterflugzeuge mit jeder Saison mehr Urlauber direkt nach Goa. Calangute hat sich zu einem lebhaften Zentrum mit Restaurants, Geschäften und Verkehr gewandelt; am Weg nach Baga reihen sich Hotels und Pensionen mittlerweile lückenlos aneinander.

Trotzdem ist Goa selbst in der Hochsaison zwischen Oktober und März kein massentouristisches Rimini. Sogar am Hauptstrand, zwischen Baga und Fort Aguada, bleibt Platz für Fischerboote oder zum Frisbeespielen; dazwischen tollen Kinder und Hunde, und manchmal

Portugal war die erste und letzte europäische Kolonialmacht in Asien: Nachdem Vasco da Gama den Seeweg von Europa um das Kap der Guten Hoffnung nach Asien entdeckt hatte, eroberten die Portugiesen 1498 die damalige Hafenstadt Ela am südindischen Mandovifluß und zogen erst 1961 wieder aus Goa ab. Kultur, Religion, Architektur, Mode und Denken der Goaner sind noch heute portugiesisch geprägt. Und deshalb fühlen sich westliche Urlauber in Goa weniger fremd als in den übrigen Staaten Südindiens.

In der Altstadt von Panaji (unten)

1517 gründeten Franziskaner in Alt-Goa die St. Franziskus-Kirche (unten)

Ein Erbe der portugiesischen Ära in Goa ist der alljährliche Karnevalsumzug

Beim Karneval in Panaji

In der Hauptstadt Panaji führt eine Freitreppe zur Kirche Nossa Senhora von 1619

An Goas Stränden bieten junge Händlerinnen den Badegästen exotische Früchte an

Mittwochs auf dem Hippie-Markt in Anjuna verkaufen Händler aus ganz Indien ihre Waren

Pernem: Aufgang zum Jeevottam-Math-Tempel

Pernem: Elefantenfiguren am Bhagavati-Tempel

stolziert eine Kuh über den Strand. Die Wochenenden nutzen Kenner allerdings für Ausflüge ins Landesinnere, weil dann Horden indischer Männer, in Bussen aus der Provinz angereist, die ungewohnt freizügige Körperkultur der Badegäste aus Übersee beäugen.

Mittwochs fahren Bagas Fischer in hölzernen Auslegerbooten um den Anjunahügel zum Hippie-Markt, wo Händler aus den verschiedenen Landesteilen ihre Waren anpreisen. In bunte Trachten gekleidete Marktfahrer aus Tibet, Rajastan, Kaschmir und Gujarat haben Edelsteine und bemalte Dosen, Spiegelapplikationen, Brokatstoffe und Baumwollhemden auf dem Boden im Schatten der Palmen ausgebreitet. Auch Weltenbummler und Hippies bieten ihre Waren an: Ohrringe aus Bali, Armreifen aus selbstgeschliffenen Kokosnußschalen, handbemalte T-Shirts, englische Secondhand-Krimis und Esoterik-Bücher.

Die Hippies sind freilich auch in Anjuna rar geworden. »Love & Peace« sind out, die Strandkneipen setzen heute auf »Techno & House«. Manchmal umgehen die Organisatoren das landesweite Diskothekenverbot mit Schmiergeldern. Dann trifft sich die Szene irgendwo hinter Anjuna Beach und tanzt bis in den nächsten Tag. Unter den Bäumen, auf einem Teppich von Tüchern und Matten, trinken Ermüdete Tee und essen Kuchen, bis die letzten Gäste im Morgengrauen zum Strand pilgern, um sich dösend vom Rausch der Nacht zu erholen.

Weiter im Norden, jenseits des Chapora-Flusses, ist die Küste noch wirklich einsam und fast unberührt. Seevögel waten durch die Brandung, einige Boote liegen am Strand, nur wenige hundert Einheimische leben hier als Fischer und Bauern in ihren schlichten Häusern. Bei Arambol haben in den letzten Jahren einige Strandkneipen eröffnet – doch die Atmosphäre dieses Küstenabschnitts blieb erhalten: Vor dem hellen Sand schimmert blau die Arabische See, ein Pfad schlängelt sich zwischen den roten Hügeln und der tropisch wuchernden Natur zu einem kleinen Süßwassersee. Im angrenzenden Dschungel turnen Affen im Geäst eines mächtigen Banyan-Baumes.

Goas nördlichster Punkt liegt über dem Terekol-Fluß bereits im Nachbarstaat Maharashtra, wo das trutzige, einst hart umkämpfte, inzwischen zum Hotel umfunktionierte Fort Terekol eine phänomenale Aussicht auf Meer, Strand und Flußmündung bietet. Das hügelige Hinterland duftet zur Zeit des europäischen Frühlings süßlich schwer nach den reifen rotgelben Äpfeln der Cashewnußbäume. Die teuren Nüsse wachsen am unteren Ende der glockenförmigen Früchte in gewölbten Schalen und werden von den Goanern in Heimarbeit geknackt, getrocknet und verpackt. Die Äpfel brennen die Bauern zu Cashew Feni, dem geschmacklich eigenwilligen Nationalgetränk Goas. Etwa drei Millionen Liter stellen die tausend Brennereien in der Region jährlich her.

Fort Aguada wurde zu einem Fünfsterne-Resort umgestaltet

Im fernen Goa gibt es sie noch: Hippies in Anjuna

Kaum waren die Portugiesen aus Goa abgezogen, entdeckten Hippies die herrlichen Sandstrände an der Arabischen See. Seit Mitte der achtziger Jahre kommen auch Pauschaltouristen. Doch der Ausbau geht nur langsam voran, und so hat Goa – anders als einige Urlaubszentren in Südasien – nur wenig von seinem Reiz verloren.

Die Portugiesen brachten die Schnapsbrennerei

Während in den meisten indischen Staaten die Schnapsbrennerei verboten ist, produziert Goa auch künstlich aromatisierten Gin, Whisky, Brandy, Rum und Wodka. Seit der Kolonialzeit ist Alkoholkonsum in Goa populär: Die Portugiesen führten 1560 den Cashewnußbaum ein – und mit ihm die Schnapsbrennerei.

Genau 50 Jahre zuvor hatte Afonso de Albuquerque seine Flotte siegessicher in die Flußmündung des Mandovi gelenkt und mit 1500 Soldaten Old Goa erobert. Und weil die Stadt seit 1469 zum Sultanat von Bijapur gehörte, feierte die vorwiegend hinduistische Bevölkerung den Machtwechsel als Befreiung von der muslimischen Unterdrückung.

Am Hafen in der breiten Mandovi-Mündung blühte Old Goa zu einer prosperierenden Handelsstadt auf. Portugal belieferte das südliche Vijayanagar-Reich mit Kriegsmaterial gegen die muslimischen Eroberer aus dem Norden und profitierte vom vorübergehenden Monopol im europäischen Seehandel mit asiatischer Ware. Die neuen Herrscher förderten mit Grundbesitz und Privilegien Eheschließungen zwischen ihren Landsleuten und einheimischen Frauen. Doch das relativ gute Verhältnis zwischen Hindus und Christen nahm ein jähes Ende, als Missionare die Inquisition in Goa im 16. Jahrhundert einführten.

Old Goa: als »Rom Asiens« Stadt der Kirchen und Parks

Der Papst beauftragte die Portugiesen, jeder Hindutempel sei durch eine Kirche zu ersetzen, worauf das Heilige Glaubenstribunal massenweise und vorzugsweise wohlhabende Inder verurteilte, um den Kirchenbau mit deren Vermögen zu finanzieren. In Goa Dourada, so hieß die einst 300 000 Einwohner zählende »Goldstadt«, lebten bald mehr Geistliche als Normalsterbliche. Die zahlreichen Gotteshäuser sind auch das einzige, was in der früheren Hauptstadt nach verheerenden Epidemien im 18. Jahrhundert übriggeblieben ist. Das einstige Tribunal wurde, unweit der Sé-Kathedrale, über einem Keller abgerissen, der mit Menschenknochen übersät war. Nachdem der portugiesische Vizekönig 1759 seine Residenz nach Panelim verlegt hatte und Panaji 1843 zur neuen Hauptstadt ernannt worden war, verödete Goa Dourada vollends. Heute ist dieses einstige portugiesische »Rom Asiens« ein Ruinen- und Parkgelände mit Prunkbauten des Jesuitenbarock.

Hier steht eine der wichtigen Kirchen der katholischen Welt: die Basilika Bom Jesus. In dem Gotteshaus werden die sterblichen Überreste des hl. Franz Xavier aufbewahrt. Der Mitbegründer des einflußreichen Jesuitenordens war 1541 auf-

Freitags ist in der Distrikthauptstadt Mapusa Markttag

Die Gotteshäuser müssen nach jedem Monsun neu gestrichen werden

Ein nettes Landstädtchen ohne besondere Sehenswürdigkeiten ist Mapusa, das Zentrum Nord-Goas. Am Freitag kommen Händler aus dem ganzen Land und bauen ihre Marktstände auf. Dann reisen auch die meisten Touristen aus Calangute, Baga oder Candolim an.

Hermenpilaster in der Kirche »Our Lady of Miracles« von 1594 in Mapusa

Der Markt bringt Atmosphäre nach Mapusa

Im Mündungsbereich des Mandovi-Flusses befinden sich Salzfelder

gebrochen, um das Christentum in den Fernen Osten zu bringen. Kerala und Goa waren die ersten erfolgreichen Stationen, bevor der Missionar am 2. Dezember 1552 auf einer Chinareise starb und der wundersam unversehrt gebliebene Leichnam nach Goa überführt wurde. Später beschädigten Reliquienjäger den Körper erheblich: 1614 verlor er den rechten Arm an Jesuiten in Japan und Rom. Um 1636 trennte man ein Schulterblatt ab und entnahm alle inneren Organe, die in ganz Südostasien

Hinduistischer Sri Mangesh-Tempel bei Priol

verschwanden. Und als eine Gläubige mit Namen Isabela de Carom beim Küssen der Füße pietätlos eine Zehe des Heiligen abbiß, schlossen die Jesuiten den kostbaren Sarkophag. Nur alle zehn Jahre öffnen sie ihn – und dann strömen die Menschen wie seit Jahrhunderten nach Old Goa: Über eine Million Gläubige pilgerten im November 1994 zur Basilika Bom Jesus.

Die Glaubensbrüder des hl. Franz Xavier gaben den Zwangskonvertierten nicht nur Namen wie Souza, Pinto oder Fernandes; sie unterzogen auch die eng mit dem hinduistischen Glauben verknüpfte Kultur einer umfassenden Veränderung: Frauen durften keine Saris mehr tragen, als Witwe aber auch nicht mehr verbrannt werden, wie es der hinduistische Sati-Brauch nahe legt. Schulbücher, Lieder und Theater wurden durch portugiesische ersetzt, die Eßgewohnheiten ebenso verändert wie das soziale Verhalten. Heute lieben Goaner ihren vergleichsweise aufgeschlossenen Lebensstil, und jenen, die vorübergehend in anderen Staaten Südindiens gelebt haben, ist es dort schwer gefallen, sich den strengen und starren hinduistischen Gesellschaftsstrukturen anzupassen.

Auf Ausflugsbooten, die von Alt-Goa auf dem Mandovi nach Panaji gleiten, halten goanische Liebespaare selbstverständlich Händchen, und die Folkloregruppe zeigt einen Volkstanz, der auch irgendwo im Süden Europas gezeigt werden könnte. Fast mediterranen Charakter hat die Altstadt der zweiten Staatsmetropole Panaji. Zwischen Mandovifluß und Ourem Creek schmücken hölzerne Balkons die Fassaden verwitterter Häuschen. In Margao, der größten Stadt des Südens, umrahmen ausladende Veranden prachtvolle Villen, die sich neben den Betonklötzen der Neuzeit behaupten konnten.

Fischerboot am entlegenen Palolem Beach

Und auch auf dem Land gibt es noch viele »portugiesische« Villen – teils zu Ruinen verfallen, teils wohl gepflegt und von üppigen Gärten umgeben. Auf dem Giebel mancher Ziegeldächer prangt ein Topi wala – eine Dachreiterfigur, die einen Hut trägt und einst den Wohnsitz von Christen kennzeichnete.

In Chandor, dem früheren Zentrum der Großgrundbesitzer, erscheinen manche Häuser als wahre Paläste. Am kitschig schönen Interieur der Villa Bragança nagt allerdings der Zahn der Zeit: Im Ballsaal rostet die metallgetäfelte Decke vor sich hin, doch die Bibliothek ist vollgestopft mit Büchern, wie zu Lebzeiten des letzten Bragança-Stammhalters. Luis de Menezes betätigte sich als rebellischer Journalist und war das Herz des antikolonialen Widerstandes. Er war es auch, der erste Kontakte zu den Freiheitskämpfern um Mahatma Gandhi herstellte. 1919 konnte er schließlich den Portugiesen einige Zugeständnisse abringen. Die Europäer gestanden Goa ein gewisses Maß an Unabhängigkeit zu.

Doch als in Portugal der Diktator António de Oliveira Salazar Anfang der dreißiger Jahre an die Macht kam, verlor Goa weitgehend seine Rechte – bis zum Einmarsch der indischen Armee 1961. Goa wurde als Unionsterritorium direkt der Zentralregierung in Delhi unterstellt. 1987 wurde das Land schließlich zum jüngsten Bundesstaat in der Indischen Union.

Obschon die Christen längst wieder in der Minderheit sind, feiert die ganze Bevölkerung Karneval mit Straßenparaden und Kostümbällen. Und sonntags treffen sich die Männer im südlichen Distrikt Salcete zum Stierkampf à la goanese. Auf einem gepflügten Reisacker, in einer Arena, die mit Tüchern vor den Blicken der Zaungäste geschützt ist, treten Bulle gegen Bulle zum Dhirio an: Schnaubend und staubend gehen die Tiere mit ihren großen, spitzen Hörnern aufeinander los. Das Preisgeld für den Verlierer ist höher als jenes für den Gewinner, da sein Bulle für einige Zeit außer Gefecht gesetzt ist – falls er den Kampf überlebt hat. Lokale Tierschützer kritisieren dieses blutige Spektakel – bisher allerdings ohne Erfolg.

Naturschützer sind in Goa dennoch überraschend aktiv und gelegentlich sogar erfolgreich: Ihr Widerstand gegen die Errichtung einer Nylonfabrik brachte nach langem Streit eine Entscheidung gegen den Konzern. Die ansässigen Chemiefirmen wurden mit Streiks dazu aufgefordert, ihre Abwässer und Abgase besser zu entsorgen. Auch mußte das exklusive Resorthotel »Leela Beach« seine illegal am Ufer der Sal erstellten Bungalows wieder abreißen.

Luxus für die Fremden: Trinkwasser nonstop

Trotzdem haben einige Luxushotels die Bauzonen mißachtet – sie versperren mit illegalen Zäunen den Strandzugang und fördern Grundwasser innerhalb der geschützten Zonen. Vor allem durch den hohen Wasserverbrauch der Hotels mit ihren Swimmingpools ist der Grundwasserspiegel entlang der Küste bedenklich gesunken. Manche Brunnen sind schon trocken gefallen, andere durch einsickerndes Salzwasser unbrauchbar geworden. In der Saison ist die Wasserversorgung außerhalb der Hotels problematisch, und auch die Qualität in den vielen Ziehbrunnen in den Dörfern wird immer schlechter – wie jene des Meeres, das nicht nur die Abwässer der zahlreichen Hotels auffängt, sondern auch die der Industrien bei Vasco da Gama und der Frachtschiffe, die im Hafen von Mormugao anlegen.

Fischer tragen ihren Fang in Körben an Land

Colva Beach: Am Abend fahren die Fischer aufs Meer

Am populären Colva Beach leben die Fischer unter Kokosnußpalmen

Kokosnußernte am Colva Beach bei Margao

Viele Küstenbewohner Goas leben von der Fischerei. Deshalb kann man selbst an den Touristenstränden wie Colva Beach noch immer den Alltag der Fischer miterleben: Jeden Tag bringen die Fischer ihren Fang an Land und legen ihn zum Trocknen in der Sonne aus.

Fischen ist Teamarbeit – danach wird der Fang untereinander geteilt

Goas wichtigste Exportgüter sind Eisen- und Manganerze, deren Gewinnung im Hinterland empfindliche Narben hinterläßt. Seit dem Zweiten Weltkrieg werden zur Förderung der devisenbringenden Mineralien jährlich rund 80 Millionen Tonnen ziegelrote Lateriterde umgewälzt. Erst 1992 erhielten zwei Kommissionen den Auftrag, die Schäden durch den massiven Abbau zu analysieren und Maßnahmen zur Rekultivierung der Landschaft auszuarbeiten. Doch wenn man von Mormugao dem Lauf des Zuari-Flusses nach Süden folgt, dann führt der Weg durch eine bezaubernde Landschaft mit Reisfeldern, Lotusweihern und palmenbestückten Hügeln. Auf der Anhöhe des Rachol-Seminars mit seiner für Asien einzigartigen Sammlung christlicher Kunst überblickt man den träge fließenden Strom.

Nobles Ambiente aus portugiesischer Zeit: Villa Bragança in Chandor

Von der Inquisition vergessen: Hindu-Heiligtümer bei Ponda

Jenseits des Zuari liegt der Distrikt Ponda, der erst 1791 an die Portugiesen fiel. Auch hier wurden die meisten Tempel und Moscheen von den Europäern zerstört. Einige Hindu-Heiligtümer überstanden jedoch die Jahrhunderte. Besonders in den Nuevas Conquistas, vor allem in der Umgebung des Distrikthauptstädtchens Ponda, ragen keine Kirchtürme, sondern die Lampentürme hinduistischer Tempel aus den Reisfeldern. In ihnen findet man zahlreiche alte Götterdarstellungen, die gerettet werden konnten. Mit dem traditionell südindischen Baustil haben die Heiligtümer allerdings kaum Gemeinsamkeiten. Vielmehr ist der »Sarawat-Stil« von der christlichen und muslimischen Architektur beeinflußt. So erhielt der Shanta-Durga-Tempel in Dorf Quela einen Zwiebelturm über dem Sanktuarium. In Priol ist das Interieur des Shiva geweihten Sri-Mangesh-Tempels mit Wandkacheln und europäischen Glaslampen geschmückt.

Dhirio-Stierkampf bei Margao

Unabhängig geblieben war lange Zeit auch Goas südlichster, kaum besiedelter Canacona-Distrikt. Noch ist die Küste besonders Richtung Karnataka-Grenze unberührt und unentdeckt. Doch durch die umstrittene Küsten-Eisenbahnlinie von Mangalore nach Bombay, die 1996 fertiggestellt wurde, ist es mit der Idylle hier bald vorbei. Nahe dem Distrikthauptort Chauri trägt der Strand von Palolem Beach aber vorläufig noch zu Recht den Beinamen »Paradise Beach«. Am frühen Morgen erwarten die Fischerfrauen ihre Männer, die nachts mit einfachen Auslegerbooten auf die Arabische See hinausgefahren sind. Wenn der Fang in die Körbe verteilt und über den Strand geschleppt ist und sich die Männer von der Anstrengung erholt haben, steigen sie in die hohen Kokosnußpalmen, um Toddy, den Palmsaft, zu zapfen. Bis zu 450 Liter lassen sich aus einer Palme pro Jahr gewinnen. Der Saft wird vergoren und zu Kokosfeni gebrannt, einer hochprozentigen Alkoholität, die weit über Goas Grenzen hinaus populär ist.

Der Reisanbau verliert in Goa an Bedeutung

REISE-INFO
GOA

Karte: Seite 112 / 113, Planquadrat C 3.

Anreise: Im Winterhalbjahr gibt es von Deutschland direkte Charterflüge nach Goa. Der internationale Flughafen Dabolim liegt an der Küste, 30 km südlich der Hauptstadt Panaji, und wird innerhalb Indiens von mehreren Gesellschaften aus allen wichtigen Städten angeflogen.

Zwischen Bombay und Panaji besteht seit 1994 auch wieder eine Schiffsverbindung (Okt.– Mai tgl. 7 Uhr ab Bombay, Ankunft in Goa ca. 14 Uhr, Tel. 022 / 6 10 25 25).

Direktbusse fahren aus allen Himmelsrichtungen nach Panaji. Seit der Eröffnung der Küsten-Eisenbahn Bombay–Mangalore im Jahr 1996 ist Goa auch per Eisenbahn gut erreichbar.

Unterkunft: Die luxuriösen Beach-Resorts liegen vorwiegend südlich von Panaji. Zu den exklusivsten Strandhotels Indiens zählt das »Leela Beach» am Ufer des Sal-Flusses (Mobor, Tel. 74 63 63). In der Nachbarschaft gehören »Holiday Inn« (Mobor, Tel. 74 63 03) und »Goa Renaissance« (Varga, Tel. 74 52 08) ebenfalls zur teuersten Kategorie. Auf der Höhe von Benaulim und Colva konzentrieren sich einfachere Unterkünfte: Direkt am Strand gibt es die Pension »L' Amour« (Tel. 73 37 20), im Landesinneren das Mittelklassehotel »Carina« mit Pool im Garten (Tel. 72 11 47), beide in Benaulim. In Colva bietet das staatliche »Tourist Beach Cottages« einfache Zimmer mit Balkon und Blick aufs Meer (Tel. 72 22 87). Das benachbarte »Colmar« (Tel. 72 12 53) hat bescheidene Zimmer und Bungalows. Etwas weiter nördlich bietet »Longuinhos« (Tel. 72 29 18) gepflegte Mittelklassezimmer mit Balkon und Meerblick. Nördlich von Colva, ebenfalls am Strand, liegt das Mittelklasse-Resort »Nanu« (Betalbatim, Tel. 73 38 70).

Nördlich von Panaji konzentrieren sich Hotels und Pensionen auf die Strände zwischen Fort Aguada und Fort Chapora. In einer Gartenanlage mit Pool liegen die hübschen Bungalows des »Taj Holiday Village« (Sinquerim, Tel. 27 60 01). Stimmungsvoll sind auf der Höhe von Candolim die beiden Hotels »Costa Nicola« (Vaddy, Tel. 27 63 43) und »Golden Eye« (Gauravaddo, Tel. 27 73 09). In einem üppigen Garten hinter dem Strand bietet »Estrela do Mar« angenehme Zimmer mit Balkon (Calangute, Tel. 27 60 14). Einfach, ordentlich und preiswert ist das »Hacienda« (Sauntavaddo, Tel. 27 73 48). Die Balkons des Hotels »Riverside« bieten Blick auf den Baga-Fluß (Baga, Tel. 27 60 62). In Anjuna wimmelt es von Pensionen für Anspruchslose: Recht gemütlich ist »Martha's Breakfast Place« (ohne Tel.). Etwas gediegener ist die alte Villa »Palacete Rodrigues« (Tel. 27 43 04). Gepflegt mit Garten und Pool ist die umgebaute Villa »Bougainvillea« (Tel. 27 32 71).

Sehenswürdigkeiten: Im Zentrum von Goa wimmelt es von weiß getünchten Kirchen, die vorwiegend im 16. / 17. Jh. aus dem Gestein der darunter abgebrochenen Hindutempel errichtet wurden. Die größten Gotteshäuser konzentrieren sich auf die ehemalige Hauptstadt Alt-Goa: die berühmte Basilika Bom Jesus hütet die Reliquien des hl. Franz Xavier (1594–1605). Dominikaner hatten die mächtige Sé-Kathedrale der hl. Katharina geweiht (1652); Franziskaner bauten daneben die St. Franziskus-Kirche; auch einige Klosteranlagen sind erhalten (mit Museum s. u.).

In den nördlichen und südlichen Regionen Goas, die erst nach der Inquisition von den Portugiesen erobert wurden, sind hinduistische Tempel im einzigartigen Sarawat-Stil entstanden. Zu den bekanntesten zählen, nahe Ponda, der Sri-Mangesh-Tempel in Priol und der Shanta-Durga-Tempel in Quela.

Zur Verteidigung Goas bauten die Portugiesen entlang der Küste zahlreiche Forts aus: Südlich des Sal-Flusses dösen die Festungsmauern des Cabo da Rama mehr oder weniger unbeachtet vor sich hin. Südlich von Panaji dient das Cabo Raj Niwas heute als Regierungs-Residenz. Das Fort Reis Magos am Mandovi-Fluß soll demnächst in ein Hotel umfunktioniert werden; Fort Aguada wurde bereits vor Jahren zum ersten Luxushotel Goas ausgebaut. Vom Fort Chapora, am gleichnamigen Fluß, sind nur Ruinen erhalten. Das Fort Terekol, an der Nordgrenze, ist hingegen gut erhalten und dient ebenfalls als Hotel.

Exklusives »Leela Beach Resort« in Süd-Goa

Am Mandovi-Fluß hat die Hauptstadt Panaji (auch Panjim genannt) eine kleine, hübsche Altstadt zwischen Ourem Creek und Municipal Gardens; man kann auch auf der Esplanade dem Mandovi-Fluß entlang schlendern – die meisten Touristen besuchen Panaji in einem Tagesausflug zum Einkaufsbummel. Mapusa ist als größte Stadt im Norden nicht sonderlich attraktiv, doch der Markt ist vor allem freitags einen Besuch wert. Margao, der Hauptort im Süden, hat einen gepflegten Garten im Stadtzentrum und einige alte Villen zwischen den Zweckbauten.

Im Bondla Wildlife Sanctuary (52 km von Panaji) bietet der Zoo Gelegenheit, einheimische Tiere zu sehen und durch den Wald zu wandern (Fr–Mi 9–18 Uhr; Anfahrt mit Bus bis Ponda und weiter mit dem Taxi zum Park).

Museen: Im ehemaligen Franz-von-Assisi-Konvent in Alt-Goa hütet das Archäologische Museum Bruchstücke zerstörter Hindutempel; in der Art Gallery des oberen Stockwerkes hängen die Porträts aller portugiesischen Vizekönige Goas (Sa bis Do 10–12 und 13–17 Uhr). Zwischen Margao und Ponda, im Rachol-Seminar, zeigt das Museum of Christian Art Asiens umfassendste Sammlung christlicher Kunst (Mo – Fr 9.30 –13, 14 –17 Uhr).

Ausgehen: Jedes Hotel verfügt über zumindest ein Restaurant, und an den Hauptstränden wimmelt es von Lokalen, die frische Meeresfrüchte servieren, u. a. den zarten Plattfisch Pomfret, eine goanische Spezialität. In den Städten gibt es auch chinesische Restaurants: »Coenchin« in Panaji, »Gayline« in Margao und »Mandarin« in Mapusa. »Venite« ist eine stimmungsvolle Taverne in Panajis Altstadt (So geschl.). Am Miramar Beach in Panaji geben sich die besten Köche Goas zum Seefood-Festival in Nov. / Dez. ein Stelldichein.

Passende Kulisse für ein romantisches Abendessen bietet das Restaurant in der schönen Villa »Casa Portuguesa« (Calangute-Baga Rd.). Kontinentale Küche, und sonntags Dance Night unter Palmen, gibt es in der gepflegten »Soto-Bar« (Calangute-Mapusa Rd.). Der Treffpunkt am Abend ist in Calangute-Baga seit Jahren die Gartenkneipe »Tito's«. Am Strand von Anjuna tanzen junge Leute in der »Shore-Bar« zu neustem Techno-Sound. »Haystack« bietet am Freitagabend ein Büfett, Livemusik und folkloristische Unterhaltung (Arpora, Fr ab 20.30 Uhr). »Castaway's Hidden Treasure« lädt in Colva zum Tanz. In Dona Paula hat die Diskothek »Lido« am Wochenende Betrieb. Zudem spielen Livebands in vielen Hotelrestaurants.

Einkaufen: Eine Sehenswürdigkeit ist der Hippie-Markt am Strand von Anjuna; Händler aus ganz Indien verkaufen dort, in der Saison jeden Mittwoch, Kunstgegenstände, Schmuck, Kleider, Leckereien, Kitsch und Souvenirs. Ähnlich vielseitig ist das Angebot der zahlreichen Verkaufsstände und Geschäfte in Colva, Calangute-Baga und Anjuna. Sehenswert sind die Gemischtwarenmärkte in den Städten Mapusa, Margao und Panaji. In Panaji und an den Stränden nahe den Fünfsternehotels gibt es exklusive Boutiquen, die qualitativ hochwertige Ware anbieten.

Strände: Einer der schönsten Strände, der Palolem Beach, liegt im tiefen Süden Goas auf der Höhe des Provinzhauptortes Chauri; die wenigen Touristen übernachten in anspruchslosen Strandpensionen. Der Agonda Beach, weiter nördlich, ist unberührt, jedoch ohne Infrastruktur. Der ununterbrochen helle Sandstrand zwischen den Flüssen Sal und Zuari ist in mehrere Strandabschnitte unterteilt: auf der Höhe der Fischerdörfer Mobor, Cavelossim und Varca konzentrieren sich Fünfsterne-Resorts;

An den Dudhsagar-Wasserfällen

Benaulim-Colva sind bei Rucksacktouristen beliebt; Majorda, der nördlichste Abschnitt, hat ebenfalls ein Luxushotel. Die Strände Bogmalo, Bambolim und Dona Paula sind, zwischen Flughafen und Hauptstadt, weniger attraktiv, verfügen aber über Infrastruktur.

Nördlich von Panaji bilden die Strandabschnitte Sinquerim, Candolim, Calangute und Baga den populärsten Strandbereich. Die alternative Szene fühlt sich wohl an den anschließenden Stränden Anjuna und Vagator. Nördlich des Chapora-Flusses ist der Mandrem Beach vorläufig noch eine stille Oase. Am malerischen Arambol Beach, ganz im Norden, werden einfache Zimmer und Hütten vermietet.

Veranstaltungen: Sämtliche christlichen Feiertage sind in Goa Anlaß für Bälle, an denen die Einheimischen die Nacht durchtanzen. Einzigartig in Indien ist der Karneval mit Straßenumzügen, Festwagen, glitzernden Phantasiekostümen und Pop-Gruppen in Panaji, Margao und Mapusa (Ende Feb., Anfang März). In den Wochen danach werden auf den Äckern Volkstheater gegeben. Wenn im südlichen Distrikt Salcete die Reisfelder brach liegen, künden Flugblätter den nächsten Dhirio-Stierkampf an. Die Kala-Akademie in Panaji organisiert verschiedene Konzerte und Ausstellungen.

Ausflüge: Bei den Fremdenverkehrsbüros (sie sind in den Städten und an den Stränden in den staatlichen »Tourist-Hostels« untergebracht) kann man preiswerte Bus-Rundfahrten durch Goa buchen. Ab Panaji werden auch »Sunset-Cruises« auf dem Mandovi-Fluß organisiert (tgl. 18 Uhr); während der Schiffsrundfahrt wird ein folkloristisches Tanzprogramm geboten. Sehr reizvoll ist eine Tour auf dem Sal-River von der Mündung aufwärts hinein in grünumwachsene schmale Wasserarme; Boote gibt es in Cavelossim, Mobor und Betul.

Von Vasco da Gama und Margao fährt die Eisenbahn über Chandor, dem früheren Zentrum der Großgrundbesitzer mit zahlreichen prunkvollen Häusern (u. a. Villa Bragança / De Bragança Pereira mit diversen Kunstwerken, Ballsaal, Hauskapelle, mehreren Wohnräumen und Kuriositäten, Tel. 834 / 28 42 27) zu den Dudhsagar-Wasserfällen an der Grenze zu Karnataka. Während der Regenzeit wirken die wild über schroffe Felsen prasselnden Wasser imposant, während der touristischen Saison und Trockenzeit (Nov.–April) rinnt das Naß jedoch nur in bescheidenen Bächlein herunter – die Bahnfahrt durch Goas Hinterland ist den Ausflug allerdings allemal wert (Abfahrt Margao 8 Uhr, Ankunft 10.30 Uhr, Rückfahrt ab 14 Uhr). Reizvoll ist auch eine Fahrt von Panaji Richtung Alt-Goa, mit der Fähre zur Divar-Insel, auf dem Festland weiter zum kleinen Mayem-See und nach Mapusa.

Information: Trionora Apts. Panaji, Tel. 22 65 15, mit Filialen in den Tourist-Hostels in Calangute, Margao und Colva.

Das Museum beim Rachol-Seminar zeigt asiatisches Kunsthandwerk christlicher Thematik

CULTURE
BY TABAC
CULTURE
BY TABAC
FOR MEN.
EAU DE TOILETTE
NATURAL SPRAY
VAPORISATEUR
NEUES ENTDECKEN.

KARNATAKA: SÜDEN

Unterwegs in die Zukunft

In Bangalore macht sich Indien auf den Weg in die Zukunft. Dort befindet sich das Herz der indischen Computer- und Software-Industrie. Die Metropole boomt und gibt sich fortschrittlich (Foto: Bangalore). Das waren auch schon die Hoysala-Herrscher vor 900 Jahren, die auf ihren Tempeln in Belur, Somnathpur und Halebid phantastische Legenden aus Stein hinterließen.

Es ist Nacht in Bangalore – und nahezu stockdunkel in der 4,5-Millionen-Metropole. Das spärliche Licht in der Hauptstadt Karnatakas stammt von den zahllosen Petroleumlampen, die in den Häusern flackern, und den Autokolonnen, die sich auch am Abend durch Bangalore schieben. »Alles nur Politik«, kommentiert der Taxifahrer die Finsternis – Karnataka und der Nachbarstaat Tamil Nadu haben sich mal wieder über die gegenseitige Strom- und Wasserzufuhr zerstritten. Die Stromversorgung zählt zu Indiens chronischen Sorgenkindern, und kurze Unterbrechungen sind an der Tagesordnung.

Bangalores Energiebedarf wächst indes so rasant, wie die Boomtown im indischen Silicon Valley expandiert. Inzwischen ist sie die fünftgrößte Stadt Indiens, und keine andere Metropole Asiens kann mit diesem Entwicklungstempo mithalten. Trotzdem ist Bangalore mit seinem milden Klima in über 1000 Metern Höhe eine Oase im hitzegeplagten Süden des Kontinents geblieben. Nicht nur wegen der angenehmen Temperaturen, sondern auch, weil die Stadt große Slums bisher weitgehend verhindern konnte.

Bangalore: Indiens Boomtown in 1000 Metern Höhe

Doch Bangalores traditioneller Beiname »Gardencity« ist trotz der vielen Parks und schattigen Alleen inzwischen Historie. Aber immer noch strahlt das Zentrum um den Cubbon Park weniger Hektik und Chaos aus als manche südindische Kleinstadt. Die historischen Repräsentationsbauten der staatlichen Verwaltung säumen protzig die großzügigen, verkehrsreichen Alleen, und einige der neuen Geschäftshäuser zeigen den Willen zu sorgfältiger, moderner Architektur.

Wer sich länger in der Stadt aufhält, wird feststellen, daß sich verschiedene Berufszweige auf einzelne Stadtteile konzentrieren: Nahe dem Gerichtsgebäude sitzen reihenweise Sekretäre hinter Schreibmaschinen und bieten Korrespondenten-Dienste an. Der Bedarf ist groß, denn in Karnataka kann nur jeder zweite lesen und schreiben, es gibt fast 20 Millionen Analphabeten. In einigen Straßen um den Markt verkaufen die Geschäfte nur Einrichtungen für das Badezimmer oder in anderen einzig Ersatzteile für das Auto. Und in manchen Stadtteilen ertönt das monotone Klappern der Webstühle hinter fast jedem Hauseingang.

Die traditionelle Arbeits- und Wohnstruktur basiert auf dem Kastensystem, das die indische Gesellschaft seit dem Altertum aufspaltet: Die Brahmanen stellten sich als Priester, wie im Abendland einst der Klerus, an oberste Stelle. Unter ihnen zählen Adel, Gouverneure und Krieger zur Kshatriyas-Kaste; Handwerker und Kaufleute gehören den Vaishyas an; zu den Sudras zählen einfache Angestellte, Arbeiter und Landwirte. Mit der Zeit splitterten sich diese vier Hauptkasten in Tausende von Untergruppen auf. Auch die Kastenlosen setzten die Hierarchie unter sich fort.

Durch staatlich verordnete Förderungen und Quotenregelungen mag heute ein Kastenloser als beachteter Wissenschaftler tätig sein oder ein Brahmane als einfacher Angestellter arbeiten. Ebenso möglich ist jedoch, daß sich jemand bei einem Geschäftsessen weigert, neben dem Wissenschaftler zu speisen, weil er ein »Unberührbarer« ist. Und in der Fabrik des Brahmanen mag die ganze

Auf dem City Market in Bangalore

Whitefield: Ashram des indischen Gurus Sri Satya Sai Baba

Bangalore, die Hauptstadt des Bundesstaates Karnataka, ist Südindiens modernste Metropole und ein Mekka der gebildeten Mittelklasse, die vorwiegend in modernen Wirtschaftszweigen wie der Computer- und Software-Industrie beschäftigt ist.

Ein Kinoplakat wirbt in Bangalore für einen neuen indischen Spielfilm

Regierungsgebäude von 1954

Verkehrschaos im Zentrum (unten)

Die elektronische Industrie zählt zu Indiens führenden Wirtschaftszweigen

Belegschaft streiken, weil ihm das Management einen Abteilungsleiter aus der niederen Kaste vorgesetzt hat. Auch bei der Partnerwahl der vorwiegend arrangierten Ehen ist die Zugehörigkeit zur selben Kaste nach wie vor Standard. Nur in Großstädten wie Bangalore verlieren die starren Grenzen nach und nach an Bedeutung, nur dort können Paare glücklich werden, die sich wider die gesellschaftlichen Normen vermählt haben.

Garten im Sommerpalast Tipu Sultans

Bangalore gibt sich denn auch fortschrittlich und westlich orientiert wie kaum eine andere Metropole im Land. Es ist Indiens Yuppie-Town, die Stadt der neuen Mittelklasse, die seit der Wirtschaftsliberalisierung auch mal bei der amerikanischen Fastfoodkette »Take away« einpacken läßt und die jüngsten Importe in den Shopping-Centers studiert. Einzigartig für Südindien, wo der öffentliche Konsum von Alkohol bis auf wenige Ausnahmen weitgehend verpönt ist, sind die gemütlichen Pubs; junge Inderinnen wippen im Takt zur Diskomusik, und das Bier gibt es frisch gezapft vom Faß. Englisch dominiert in den Gesprächen, weil die Städter aus allen möglichen Landesteilen hergezogen sind – aber auch, weil Bangalore laufend mit der ganzen Welt kommuniziert.

Das ortsansässige Raumforschungsinstitut ISRO schickt seit 1988 eigene Satelliten in den Himmel, und für die internationale Computer- und Software-Branche ist Bangalore alles andere als unbekannt: Swissair, Siemens, die Deutsche Bank, Hewlett-Packard, Texas Instruments und IBM – sie alle lassen hier Computerprogramme entwickeln und gehen Joint-Ventures mit lokalen Softwarefirmen ein. Die Computerspezialisten Indiens sind hoch qualifiziert und dazu noch unschlagbar preiswert. Etwa

Der Nandi-Bulle am Weg zum Chamundi Hill entstand 1659

Palmblatt-»Bücher« im Matha-Kloster

Das Städtchen Sravana Belagola ist das südindische Zentrum der Digambara-Sekte – einer Jaina-Glaubensgemeinschaft, die aus dem Hinduismus wuchs. Ziel der Pilger ist die fast 18 Meter hohe Skulptur des Sri Gomateswara. Ganz in der Nähe befindet sich das Matha-Kloster, der Sitz der obersten Autorität der Digambaras.

Schüler im »National Institute of Pankrit Study and Research Centre«

Sravana Belagola: Pilger am Fuß des Jaina-Heiligen

Blick vom Indrigiri-Hügel (unten)

2500 Dollar verdient ein indischer Programmierer pro Jahr – ein Bruchteil dessen, was seine Kollegen in Europa oder Nordamerika für ihre Dienste erwarten dürfen.
Viele Firmen verlagern deshalb einen Teil ihrer Software-Produktion und -Weiterentwicklung nach Indien. Stößt der Kunde in Europa oder Amerika auf ein Problem im Computersystem, schickt er dieses zur Lösungssuche einfach per Fernmeldesatellit an die »Werkstatt« in Bangalore. Und während er schläft, suchen die Kollegen auf der anderen Seite der Erdkugel nach einer Lösung. So lassen sich etwa die Hälfte der Kosten einsparen.
Das Talent für den jungen Wirtschaftszweig fließt von jeher im indischen Blut: Zumindest hat das Faible vieler Inder für mathematische Logik schon im Altertum zur Erfindung des Schachspiels geführt, und Mahavira, der Begründer des Jainismus, bemerkte in seinem Hauptwerk zur Mathematik bereits 500 Jahre vor unserer Zeitrechnung, daß sich die Quadratwurzel aus zehn dem Wert der Zahl Pi annähert. Mahavira hatte sich, wie sein Zeitgenosse Buddha, gegen das Kastensystem aufgelehnt und vertrat eine Philosophie, die keine Schöpfung kennt, da die Welt unendlich sei im Geistigen, Immateriellen sowie Rationalen, Materiellen. Letztere Ebene zwinge wie im Hinduismus so lange zu Wiedergeburten, bis sich der Mensch durch totale Askese vom Irdischen gelöst hat.

Jainismus: die Religion der Vegetarier und Asketen

Da im Verständnis der Jainas jegliche Materie beseelt ist, steht der Respekt vor anderen Wesen ganz oben auf der Liste der Gebote. Die Gläubigen sind strenge Vegetarier und üben keine Berufe aus, in denen sie Tiere auch nur aus Versehen töten könnten. Viele kehren bei ihren Wanderungen mit einem Pfauenfedernwedel den Weg, um keine Insekten zu zertreten, und tragen eine Mullbinde vor dem Mund, um keine Kleinstlebewesen einzuatmen.
Doch die Jainas sind keine der Welt entrückten Fanatiker. Einige Mönche haben sich durch soziales Engagement allgemeine Achtung erworben. So entstanden beispielsweise durch die Initiative des Abts von Sravana Belgola, Charukeety Swamiji, Krankenhäuser, Schulen

und Berufsbildungsstätten. Andere Mönche gründeten karitativ tätige Meditationszentren oder eine Hochschule für Meditation und Gewaltlosigkeit.
Als sich die Sekte im Lauf des 1. Jh. n. Chr. in zwei Hauptrichtungen teilte, etablierte sich Sravana Belgola, zwischen Bangalore und der Küstenstadt Mangalore, als Zentrum der vorwiegend im Süden beheimateten Digambaras. Das geistige Erbe der »Luftbekleideten«, deren Asketen nackt auf Wanderschaft gehen, ist auf uralten Palmblattschriften festgehalten, die das Matha-Kloster inmitten der Wohn- und Werkquartiere Sravana Belgolas hütet.
Wer um Einlaß bittet, darf die Bibliothek besuchen: Die Bücher sind in edle Tücher gewickelt und bestehen aus rechteckig in Form geschnittenen Palmblättern, auf denen mit dem Messer eingeritzte Schriftzüge dunkel eingefärbt sind. Längliche Holzleisten mit fein ausgearbeiteten Schnitzereien dienen als Buchdeckel, und eine Schnur hält die Seiten durch ein Loch in der Mitte zusammen.

Der heilige Stein-Koloß von Sravana Belgola

Hauptattraktion in Sravana Belgola ist auf dem Indrigiri-Hügel die 18 Meter hohe Monolith-Statue, eine der größten der Welt. 500 Steinstufen führen nahe dem Matha-Kloster auf den Gipfel, wo seit mehr als tausend Jahren die künstlerisch beeindruckende, aus einem einzigen Stück Stein geschaffene Riesendarstellung Sri Gomateswaras, tief in Meditation versunken, dasteht. Alle zwölf Jahre (das nächste Mal 2005) überschütten Gläubige die Statue des Jaina-Heiligen mit Milch, Kokoswasser, Gelbwurz und Zinnober; auch Gold, Silber und Juwelen werden aus Helikoptern abgeworfen – eine der wenigen Gelegenheiten, bei der ein Jaina wahrlich im Geld badet.
Im allgemeinen lebt die etwa vier Millionen Anhänger starke Glaubensgemeinschaft so bescheiden, daß sich das Vermögen erfolgreicher Familien nur auf dem Kontoauszug bemerkbar macht.
Der Jainismus breitete sich nie über die Grenzen Indiens hinaus aus, fand aber in einigen Fürstenhäusern des Landes Gehör und beeinflußte dadurch die Architektur zahlreicher Sakralbauten – nicht nur auf den Hügeln um Sravana Belgola, sondern auch im nordwestlich gele-

Halebid: Hoysaleshvara-Tempel

Halebid: Elefantengott Ganesha (unten)

In Somnathpur, Halebid und Belur ließen die Fürsten der Hoysala-Dynastie ab dem 12. Jahrhundert steinerne Tempelanlagen errichten, deren fein ausgearbeitete Reliefbänder und reicher Skulpturenschmuck das Bild einer künstlerisch hoch entwickelten Kultur vermitteln. Der 1116 erbaute Chennakeshava-Tempel in Belur zeigt allein auf unterster Ebene 650 Elefantendarstellungen. Darüber werden Szenen aus dem Ramayana und Mahabharata, den uralten Hindi-Epen, erzählt. Ähnliches ist auch am 1121 begonnenen Hoysaleshvara-Tempel in Halebid zu sehen.

Belur: Chennakeshava-Tempel (unten)

Belur: vielarmiger Vishnu (unten)

Sternförmige Tempelarchitektur in Somnathpur

genen Dorf Halebid, wo der Hoysala-Herrscher Vinayaditya gegen Ende des 11. Jahrhunderts die damals Dvarasamudra genannte Kapitale seines Reiches gründete. Die Architektur und plastische Gestaltung der Hoysala-Tempel, die wenig später entstanden, sind noch heute wahre Meisterwerke.

Am Seeufer, in der hügeligen Landschaft um Halebid, steht der Hoysaleshvara-Tempel in typischer Weise auf einer kreuzförmigen Terrasse. Filigrane Friesbänder mit Kolonnen von detailliert ausgearbeiteten Elefanten, Löwen, Drachen und Pfauen zieren den Sockel, wobei jedes Tier einen individuellen Ausdruck hat. Der sternförmige Grundriß der eigentlichen Gebäude bietet in unzähligen Nischen und Ecken Platz für plastische Arbeiten: Götter, Krieger und Tänzer sind in ausdrucksstarken Skulpturen so reichlich dargestellt, daß das Auge nirgendwo Halt findet; immer neue Szenen und Gestalten lenken die Aufmerksamkeit auf sich, und jede Mauer erzählt Geschichten und Legenden.

Höhepunkte der Bildhauerkunst: Halebid und Belur

Vor dem Tempel ruht ein großer, aus Stein geschaffener Nandi-Bulle, das Reittier Shivas, denn das Heiligtum entstand, nachdem sich die Hoysala-Fürsten wieder dem Hinduismus zugewandt hatten. Als Gegenstück ist im benachbarten Städtchen Belur der Chennakeshava-Tempel dem Hindugott Vishnu geweiht. Dort fallen im Meer des skulpturalen Schmucks die Darstellungen der Frauen auf: Mit prallem Busen, schmaler Taille und breiten Hüften, mit Schmuck und stilvollen Frisuren geschmückt, tanzend, sich im Spiegel bewundernd, mit dem Haustier spielend oder sich fürchtend vor einem Skorpion – auch in frivolen, gar obszönen Stellungen mit Liebhabern, weshalb Schulklassen auf Bildungsausflug von ihren Lehrern an manchen Szenen ganz schnell vorbei gelotst werden.

Nicht nur die Darstellungen in historischen Tempeln, auch die Erfindung des Kamasutra, des fast 1700 Jahre alten »Lehrbuchs der Liebeskunst«, lassen auf eine lustbetonte hinduistische Vergangenheit schließen, die sich ab dem Mittelalter, im Einfluß von Islam und Christentum, aber zu einer geradezu fanatischen Prüderie entwickelt hat. In den massenhaft produzierten indischen Kino-

Mysore: Die Statue des früheren Königs Chamarajenda Wodeyar unter dem goldglänzenden Baldachin entstand 1920

Jeden Sonntagabend illuminieren 97 000 Glühbirnen den Maharadscha-Palast von 1912

Immer erfrischend: Kokosnuß-Saft

Devaraja Fruit and Spice Market (unten)

Intarsienmöbel: Mysore ist ein Zentrum für Kunsthandwerk (unten)

streifen mag zum Beispiel der Macho durch ein Blumenfeld der Jungfrau nachjagen, doch in dem Moment, da er sie einholt, kommt – statt des Filmkusses – ein Kameraschwenk auf eine pralle Blüte. Seit Indiens Satelliten westliche Filme ins Land bringen und internationale Zeitschriften Verbreitung finden, geraten verkrustete Moralvorstellungen ins Wanken; junge Leute beklagen sich über das verklemmte Verhältnis zwischen den Geschlechtern, und in der einheimischen Presse mehren sich Artikel und Leserbriefe zu sexuellen (Tabu-)Themen.

Keine Kontakte zwischen Frauen und Männern

Außerhalb der modernen Städte ist der Austausch von Zärtlichkeiten in der Öffentlichkeit nach wie vor unschicklich. Viele indische Männer neigen dazu, statt dessen fremde Frauen zu belästigen. Deshalb sind Warteschlangen vor Ticketschaltern meist nach Geschlechtern unterteilt, und alleinreisende Inderinnen setzen sich in Bussen nicht neben unbekannte Männer. Andererseits überrascht der ungewohnt zärtliche, in der Gesellschaft akzeptierte Umgang der Männer untereinander. In Mysore schlendern sie, Händchen haltend wie Schulfreundinnen, durch die prachtvollen Korridore des Maharadscha Palastes und genießen Arm in Arm, ohne den Verdacht der Homosexualität zu erregen, die marchenhafte Illumination des Gebäudes.

Mysore war bis zur Unabhängigkeit Indiens die Residenzstadt des Maharadschas von Mysore und zählt zu den attraktivsten Städten Südindiens. Denn im Gegensatz zur 140 Kilometer entfernten Hauptstadt Bangalore, wirkt die Kulturmetropole Karnatakas sehr traditionsbewußt. Die meisten Repräsentationsbauten entstanden Ende des 19. Jahrhunderts und sind heute der Öffentlichkeit zugänglich. Besonders faszinierend ist Mysore im Oktober zur Zeit des Dussera-Festivals, einem neun Tage dauernden Spektakel mit Paraden und Prozessionen.

Abertausende von Glühbirnen und Lämpchen betonen jeweils am Sonntagabend sämtliche Fluchtlinien, Rundbogen, Zwiebeltürme, Balustraden und Konsolen des Palastes. Erbaut wurde die imposante Residenz um die Jahrhundertwende im indo-sarazenischen Stil mit viel Kunst und Kitsch für die Könige der Wodeyar-Dynastie, die vom 15. Jahrhundert bis zur Unabhängigkeit mehr oder weniger ununterbrochen über den Süden Karnatakas regierten und Mysore im 18. Jahrhundert mit großzügig angelegten Boule-

In der Altstadt von Mysore

vards, Tempeln, Palästen und Denkmälern zu ihrer letzten Kapitale ausbauten. Der fürstliche Charme wirkt, trotz neuzeitlichem Verkehr, noch immer.

Mysore: Stadt der Düfte, Kapitale des Weihrauchs

Besonders im Stadtzentrum, am historischen Devaraja-Markt, hängt der Duft von Sandelholz, Patchoulli und Amber, Rosen und Jasminblüten, die Händler zu Girlanden aufstecken, in der Luft. Dort versorgen sich die vielen kleinen Familienbetriebe mit Rohstoffen, um täglich Hunderttausende von Weihrauchstäbchen zu produzieren. Überall in Indien glimmen Duft-Stäbchen »Made in Mysore«. In den Geschäftsstraßen um den Markt wimmelt es von Kaffeehäusern, Uhren-, Schuh-, und Souvenirläden; in den Auslagen vieler Geschäfte stapeln sich kostbare Seidenstoffe, für die Mysore berühmt ist (siehe auch Seite 98).

Die Gewohnheit, wohlriechende Substanzen zu Ehren der Götter – und gegen Insekten – abzubrennen, ist viel älter als die traditionsreiche Stadt Mysore. Aber die Duftstäbchen sind auch in Bangalore, der südindischen High-Tech-Metropole auf dem Weg ins 21. Jahrhundert, noch populär.

Bangalore

Karte: Seite 112/113, Planquadrat E 5.
Anreise: Von Bombay, Hyderabad und Madras gibt es täglich, von Trivandrum, Cochin, Goa und Coimbatore mehrmals wöchentlich Flüge. Von den meisten Großstädten Südindiens bestehen Expreßverbindungen mit Bahn und Bus.
Unterkunft: Das Luxushotel »Windsor Manor« thront auf einer Anhöhe wie ein kleines Schloß (Sankey Rd., Tel. 080/2 26 98 98). Das neuere Hotel »Highgates« liegt zentral und hat komfortable, klimatisierte Zimmer (Church St. 33, Tel. 5 59 71 72). Stimmungsvoll, wenn auch etwas dunkel, wirken die Zimmer im historischen Hotel »Victoria« (Residency Rd. 47, Tel. 5 58 40 76). Günstiger ist das gepflegte »Ashraya« (Infantery Rd. 149, Tel. 2 26 19 21). Einfach und gut gelegen ist das Hotel »Gautam« (Museum Rd. 17, Tel. 5 58 84 61).
Sehenswürdigkeiten: Der Beiname »Gardencity« entstand 1760 mit der Eröffnung des Lalbagh Botanical Garden; der 96 ha große Park mit dem extravaganten Glashaus ist einen Besuch wert (tgl. 8–20 Uhr). Im zentral gelegenen Cubbon-Park (120 ha) zeigt das Government Museum eine vielseitige Sammlung von Archäologie bis Naturkunde. Nebenan widmet sich die Venkatappa Art Gallery der zeitgenössischen indischen Kunst; das Technische Museum in einem weiteren Gebäude ist weniger spannend (alle an der Kasturba Rd., Do–Di 10–17 Uhr). Ebenfalls im Cubbon-Park befindet sich Indiens zweitgrößtes Aquarium (Di–So 10–17.30 Uhr). Nicht zu übersehen sind am Parkrand das Gebäude des früheren Sekretariats von 1867 und gegenüber das imposante Regierungsgebäude Vidhana Soudha (1954, Illumination sonntags 19–20 Uhr; keine Besichtigung möglich). Nahe dem City-Markt sind Mauern des Fort Kempegowda (1537) erhalten sowie ein Teil von Tipu Sultans Palast (1789). Den Sternenhimmel studieren kann man im Planetarium (Chowdiah Rd., Di–So um 16.30 Uhr Show auf Englisch).
Ausgehen: Eine der besten Küchen der Stadt, ob indisch oder kontinental, pflegt das Restaurant »Tycoons« (Infantery Rd., Copper Arch Bld.). Die bevorzugte Adresse zum Chinesisch essen ist »Chung Wah« in einer Seitenstraße der Residency Rd. An der selben Straße zählt »The Rice Bowl« zu den Dauerbrennern der Stadt. Auf der gedeckten Terrasse des »Coconut Grove« werden Moghul-Gerichte scharf und sorgfältig zubereitet (Church St.).
Als einzige südindische Stadt verfügt Bangalore über Bars und Pubs, die gut besucht sind. Traditionell eingerichtet ist »The Pub World« (Residency Rd.). Zu den etablierten zählt auch das moderne »Kwality Hi Spirits« (Brigade Rd.). Die Tour mag weiterführen ins raumschiffartige High-Tech-Pub »Nasa« (Church St.) oder zum »Nightwatchman« (Ecke Church- und Museumstreet).
Studenten treffen sich im amerikanisch gestylten »Black Cadillac« (Residency Rd. 50). Wer noch in den »Underground« (M. G. Rd. 65) geht, hat die ganze Bandbreite kennengelernt – Feierabend ist allerdings bereits um 23 Uhr.
Aktuelle Kulturprogramme für englischsprachiges Kino, Konzerte und Ausstellungen stehen in Lokalzeitungen und dem Stadtmagazin »This Fortnight« (gratis erhältlich an vielen Hotelrezeptionen).
Einkaufen: Commercial Street, M. G. Road, Brigade Road und Kempegowda Road heißen die Haupteinkaufsstraßen. Großes Angebot an Seide, Büchern, Musik und Kunsthandwerk.
Ausflüge: Der indische Guru Sri Satya Sai Baba weilt entweder im 16 km entfernten Vorort Whitefield oder (häufiger) in seinem Hauptashram in Puttaparthi, 150 km nördlich von Bangalore im Nachbarstaat Andhra Pradesh; Auskunft und Transport: Tel. 2 26 13 51. Eine bekannte Persönlichkeit in Südindien ist auch Protima Gauri, die in Hessargattha (30 km) die Nrityagram-Tanzschule für traditionelle Tänze (Mo–Sa) führt. Aufregend trivial wirkt dagegen die Versteigerung am größten Seidenkokonmarkt Asiens in Ramanagaram, an der Hauptstraße nach Mysore (Mo–Fr 8–12 Uhr, siehe auch Sonderthema S. 98/99).
Information: Cauvery Bhavan, K. G. Rd., Tel. 2 21 54 89.

Wasserspiele im Brindavan-Garten

Mysore

Karte: Seite 112/113, Planquadrat E 4.
Anreise: Von Bangalore fahren laufend Expreß-Busse; von den Großstädten Südindiens sowie vom Bandipur Reservat (80 km) gibt es Direktbusse. Von Bangalore und Hassan (beide 140 km) kann man auch mit der Bahn anreisen.
Unterkunft: Der »Lalithmahal Palace« am Fuß des Chamundi-Hügels bietet leicht verblaßt fürstliche Eleganz (Siddhartha Nagar, Tel. 082/2 76 50). Im Stadtzentrum ist auch das »Metropole« stimmungsvoll, doch weniger luxuriös und direkt an der Straße gelegen (Jhansi Laxmibai Rd., Tel. 52 06 81). Gegenüber dem Maharadscha-Palast bietet das moderne »Palace Plaza« mehrere gute Zimmertypen zu fairen Preisen (Sri Harsha Rd., Tel. 52 12 40). Das benachbarte »Victory« hat klimatisierte Mittelklassezimmer (Sri Harsha Rd., Tel. 2 40 01). Zentral gelegen und billig ist das Hotel »Dasaprakash« (Gandhi Square, Tel. 2 44 44).
Sehenswürdigkeiten: Touristen aus aller Welt wandeln durch die beeindruckenden Korridore und Säle des 1912 fertiggestellten Maharadscha-Palastes (tgl. 10 bis 17.30 Uhr, Illumination sonntags 19 bis 20 Uhr). Im Osten des Palastes zeigt die Sri Chamarajendra Art Gallery eine Sammlung von Ölporträts der fürstlichen Familie, auch Gemälde auf Reiskörnern (tgl. 9–17 Uhr). Der Devaraja-Früchte- und Gemüse-Markt im Stadtzentrum zählt zu den schönsten Südindiens. Zusehen, wie ein Seidensari entsteht, ist in der staatlichen Seidenfabrik möglich (7 km vom Zentrum, Mo–Sa 10.30–12, 13–17 Uhr). Wer Ende Sept./Anfang Okt. nach Mysore reist, kann das spektakuläre Dussera-Festival miterleben.
Ausgehen: Im Hotel »Metropole« (Jhansi Laxmibai Rd.) begeistert der kitschig mit Spiegelwänden ausgekleidete Speisesaal. Das »Bombay Indra Bhavan« ist ein typisches Kaffeehaus gegenüber dem Devaraja-Markt. Hinter dem Hotel »Mayura Hoysala« (Jhansi Laxmibai Rd.) gibt es in der Bambuslaube gute indische

Mahlzeiten. Traveller-Treffpunkt ist die Dachterrasse des Hotels »Shilpashi« (Gandhi Square).
Einkaufen: Mysore ist berühmt für Seifen, Räucherstäbchen und Schnitzereien aus Sandelholz, auch für Mysore-Seide im traditionellen oder modernen Stil. Die bevorzugte Einkaufsgegend liegt zwischen Devaraja-Markt und Gandhi-Square um die Sayajirao Road.
Ausflüge: Alle 30 Minuten fahren Busse auf den Gipfel des 14 km entfernten Chamundi-Hill (1065 m). Vom Chamudeshvar-Tempel führt ein Fußweg hinunter zum monumentalen Nandi-Bullen (1659) und bietet immer neue Ausblicke über die Stadt. Nur mäßig interessant sind die populären Brindavan-Gardens. Wer keine Gelegenheit hat, die Hoysala-Tempel um Hassan zu sehen, sollte im 35 km entfernten Somnathpur den 1268 errichteten Keshavara-Tempel nicht verpassen. Sehenswert ist auch Srirangapatham (16 km), die frühere Kapitale Tipu Sultans: Der Sommerpalast zeigt viel Teakholz, Wandmalereien und Erinnerungsstücke aus der Zeit der Mysore-Kriege im 18. Jahrhundert (tgl. 10 –17 Uhr). Beerdigt wurden Tipu Sultan und sein Vater Haider Ali im kuppelförmig überdachten Gumbaz. Zu besichtigen sind auch die Juma-Masijd-Moschee, der Garnisonsfriedhof und das Gefängnis.
Erfrischend ist ein Ausflug ins Gebirgsstädtchen Madikeri (120 km; gute Wandermöglichkeiten). Übernachten kann man im Hotel »Rajdarshan« (M. G. Rd., Tel. 0 82 72 / 2 61 42). Natur pur verspricht auch ein Abstecher zum Bandipur-Reservat, in dem es noch rund zwei Dutzend Tiger geben soll (365 qkm). Voranmeldung und Reservierung für Übernachtungen sind obligatorisch beim Field Director in Mysore (Government House Complex, Tel. 2 09 01, Mo – Sa 10.30 –13.30 Uhr).
Information: Old Exhibition Bldg., Irwin Rd., Tel. 2 20 96.

Luxushotel »Lalithmahal Palace« bei Mysore

Hassan

Karte: Seite 112 / 113, Planquadrat D 4.
Anreise: Der Ausgangspunkt für die Hoysala-Tempel von Belur und Halebid sowie Sravana Belgola ist per Bus oder Bahn ab Bangalore (185 km) und Mysore (120 km) erreichbar.
Unterkunft: Ein Haus der Mittelklasse ist am Ortsrand das »Hassan Ashok« (Bangalore Rd., Tel. 0 81 72 / 6 87 31). In der Nachbarschaft liegt das bescheidenere »Amblee Palika« (Race Course Rd., Tel. 6 63 07). Nahe dem Busterminal, an der Church Street, bieten die beiden Hotels »Vaishnavi« (Tel. 6 74 13) und »Harsha Mahal« (Tel. 6 85 33) günstige Zimmer für Genügsame. Einfach übernachten kann man auch in Belur im staatlichen Hotel »Mayura Velapuri« (Tel. 0 82 33 / 22 09) und in Halebid in den »Tourist Cottages« (Tel. 0 82 33 / 32 24).
Ausgehen: In Hassan, am Ende der Marktgasse, hinter dem Busterminal, serviert das Restaurant »Moon Light« schmackhaft zubereitete Fleischgerichte und kühle Getränke. In Belur gibt es Kaffeehäuser an der Hauptstraße und das Restaurant im Hotel »Mayura Velapuri« beim Tempel. In Halebid bekommt man nur Snacks. In Sravana Belgola gibt es zahlreiche Kneipen um den Tempel.
Ausflüge: Von Hassan gibt es laufend Busverbindungen nach Belur (40 km); am Ende der Hauptstraße liegt der phänomenale Chennakeshava-Tempel innerhalb eines neueren Galerienhofs. Minibusse fahren weiter ins 15 km entfernte Dorf Halebid; man sollte ausreichend Zeit einrechnen, um neben dem Haupttempel weitere Schreine und Ruinen in der Umgebung erkunden zu können. Bis 18 Uhr fahren Busse zurück nach Hassan. Sravana Belgola liegt zwischen Hassan (52 km) und Bangalore (160 km). Man kann Gepäck beim Touristenbüro am Fuß des Indrigiri-Hügels deponieren. 500 Steinstufen führen zur 18 m hohen Monolithskulptur hoch. Auch zu den Tempeln auf dem gegenüberliegenden Chandragiri-Hügel gelangt man über in den Fels geschlagene Stufen. Im Dorf kann man den Bhandara-Basti-Tempel und die Bibliothek im Matha-Kloster besichtigen; der Klosterhof hütet Wandmalereien aus dem 17. / 18. Jh. (tgl. 6.30 –10, 18 – 20 Uhr). Indiens höchste Wasserfälle, die Jog Falls (253 m), sind am besten von Sagar (Eisenbahnanschluß) oder von Karwar an der Küste zu erreichen.

Jog Falls: Im Nordwesten Karnatakas stürzt der höchste Wasserfall Indiens in die Tiefe

KARNATAKA: NORDEN

Kulturerbe der Menschheit

Inmitten einer Felswüste liegt Hampi, das einst als Vijayanagar Hauptstadt eines hinduistischen Großreichs war (Foto: Vittala-Tempel). Von der Metropole sind nur Ruinen geblieben, die von der Unesco zum Weltkulturerbe gekürt wurden. Die Nachfolger der Hindu-Herrscher, die Bahmani-Sultane, errichteten ganz im Norden weitere faszinierende Baudenkmäler.

Durch das hufeisenförmige Tal von Badami schallt das rhythmische Klopfen der Wäscherinnen. Seit gut 1500 Jahren schlagen Frauen an den Stufen zum Agastyatirtha-See ihre nassen Saris und die Wäsche der Familie gegen den harten Stein, um den Schweiß des Alltags auszuwaschen. Geschaffen wurde das künstliche Wasserreservoir von den Chalukyas – einer Dynastie, die bis ins 16. Jahrhundert die südindische Geschichte mitprägte und im Zentrum Karnatakas einige der ältesten hinduistischen Baudenkmäler des Landes hinterließ.
Ende des 6. Jahrhunderts schufen die Baumeister vier in die rötlichen Sandsteinfelsenklippen gehauene Tempel. Außen sind die Heiligtümer schmucklos, aber innen voller Pracht. Religiöse und mythologische Motive bedecken Wände, Pfeiler und Decken. Und weil die Chalukyas ein recht tolerantes Herrschergeschlecht waren, sind die Tempel verschiedenen Göttern und Glaubensrichtungen geweiht: Die beiden ersten Kulthöhlen wurden mit kunstvollen Darstellungen Shivas dekoriert; die dritte Höhle ist angefüllt mit sorgfältig ausgearbeiteten Medaillons zu Ehren Vishnus. Der oberste Schrein, wo Affen herumturnen, ist ein Jaina-Heiligtum.
Von der Bergkuppe bietet sich ein weiter Blick über das Städtchen Badami und die aus der Landschaft ragenden Felshügel. An einigen Stellen in der fruchtbaren Tal-

Bettler gehören in Indien zum Alltag

Hampi: Ruinen von Vijayanagar

Königliches Bad in Hampi (unten)

Hampi: Vitthalashvami-Tempel aus dem 16. Jahrhundert

Eine Reise ins Zentrum Karnatakas führt in eine bewegte hinduistische Vergangenheit: In Hampi stehen die Überreste der einstigen Metropole Vijayanagar, die 1565 von den Dekhan-Sultanen zerstört wurde. In Badami hinterließ das Chalukya-Reich einige faszinierende Felsentempel aus dem 6./7. Jahrhundert.

Seit 1500 Jahren waschen die Frauen von Badami an dem kleinen Stausee ihre Wäsche

Badami: Über dem Bhutananatha-Stausee befinden sich die hinduistischen Höhlentempel

ebene des Malaprabah-Flusses liegen Felsbrocken wie von Götterhand sorgsam geschichtet haushoch übereinander. Diese Felsskulpturen der Natur haben die Baumeister der Chalukyas zu den ersten Experimenten mit freistehenden Steinbauten inspiriert. Sie legten zu Quadern geschlagene Felsstücke ohne Mörtel aufeinander und kreierten dreidimensionale Heiligtümer, wie sie Südindien nie zuvor gesehen hatte. In Patadakal und Aihole, den Nachbardörfern von Badami, zeugen die Tempelanlagen von der Experimentierfreudigkeit der damaligen Architekten: Über 70 Tempelgruppen und Kultbauten mit faszinierenden Bildhauerarbeiten überwiegend aus dem 7. und 8. Jahrhundert sind dort noch erhalten.

Etwa gleichzeitig entwickelten die Pallavas, ein mit den Chalukyas verfeindetes Herrschergeschlecht, bei Mahabalipuram neue Bautechniken (s. S. 62f). Und nach jeder der zahlreichen Schlachten zwischen den damals führenden Mächten brachte der Sieger die neuesten Erkenntnisse aus dem feindlichen Lager auf die eigene Baustelle. So schufen im 8. Jahrhundert Handwerker aus der Pallava-Metropole Kanchipuram einen der imposantesten Tempel bei Patadakal.

Vijayanagar: Weltkulturerbe und »Stadt des Sieges«

Das kriegerische Verhältnis zwischen den hinduistischen Fürstentümern Südindiens erhielt eine neue Perspektive, als im Norden des Landes Eroberer aus Zentralasien einen ersten islamischen Staat um Delhi errichteten und ihre Gebietsansprüche allmählich auf die Dekhan-Ebene ausdehnten, die quer durch den Norden von Karnataka und Andhra Pradesh verläuft. Unter dem Druck der Bedrohung erzwangen die Heerführer Harihara und Bukka 1336 die Gründung des ersten südindischen Großreiches, und sie nannten ihre Kapitale selbstbewußt Vijayanagar, die »Stadt des Sieges«. Wenn sich die Sonne über dem ärmlichen Bauerndorf Hampi und der beeindruckenden Felslandschaft am Tungabhadra-Fluß senkt, fällt es in der Stille des Abends schwer, sich die 200 000 Menschen vorzustellen, die einst die ruhmreiche Vijayanagar-Metropole bewohnten. Die Kunde von dieser rund 30 Quadratkilometer großen, von sieben konzentrischen Schutzwällen umschlos-

senen Weltstadt mit ihren imposanten Bauten, üppigen Basaren, gepflegten Gärten und Wasserspielen war freilich bis nach China, Abessinien und Europa gedrungen. »Nie vorher hat die Pupille des Auges ähnliches erblickt wie Vijayanagar, noch hat das verstehende Ohr je Kunde genommen, daß dergleichen auf der Welt ähnliches existiert«, schrieb 1443 ein muslimischer Gesandter.
Pferde und Waffen wurden für die erfolgreiche Kriegsmaschinerie importiert – bis in der Schlacht von Talikota 1565 die vereinten Dekhan-Sultane das Vijayanagar-Heer vernichtend schlugen. Dem Hof blieb nur die Flucht; die geplünderte und teilweise verwüstete Stadt fiel zwischen Bananenplantagen und Flußschleifen in einen Dornröschenschlaf.
Seit die Unesco Hampi ins Weltkulturerbe der Menschheit aufgenommen hat und Archäologen verschollene Bauten ans Tageslicht gefördert haben, bringen Touristen Leben zwischen die Ruinen und teilweise perfekt erhaltenen Tempel. Im ehemals königlichen Zentrum ist vom Holzpalast der Vijayanagar-Herrscher nur das steinerne Fundament erhalten, doch die hohe Ringmauer um den Wohnbereich der Frauen hat den Lauf der Zeit überstanden, und im Bad der Königin vermitteln Stukkaturen, Balkons und Ornamente einen Hauch des früheren Glanzes.

Erbaut für die Ewigkeit: die Kanäle der Hindu-Herrscher

Die Wasserversorgung Vijayanagars zählte zu den ausgeklügeltsten Systemen jener Epoche. Die Hindu-Herrscher hatten den Tungabhadra-Fluß stauen und ein ausgedehntes Kanalnetz anlegen lassen, aus dem die Pflanzungen, Gärten und Parks bewässert wurden und die Großstadt ihren Trinkwasserbedarf deckte. Und auch heute noch wird das alte Kanalsystem genutzt. Der Stausee wurde allerdings durch einen neuen in der Nähe von Hospet ersetzt und liefert zudem Strom.
Je weiter man von Hospet Richtung Norden nach Bijapur fährt, desto karger wirkt die Landschaft. In den Ortschaften am Weg tragen viele Männer ein weißes Käppchen oder einen farbigen Turban, die Frauen verhüllen ihre Saris unter schwarzen Burquas. Zwischen schachtelförmigen Bauten mehren sich Kuppeldächer, spitz zulaufende Rundbogen

2250 Gläubige finden in der großen Freitagsmoschee, Jumma Masjid, in Bijapur Platz

Gesu-Daraz-Mausoleum von 1422 in Gulbarga

Bijapur: Gol-Gumbaz-Mausoleum von 1659

und schlanke Minarette. Denn die Nationalstraße Nr. 13 führt über die mittelalterliche Grenze zwischen dem hinduistischen Vijayanagar-Reich und dem Reich der Dekhan-Sultane.
Der muslimische Statthalter des Dekhans, Zafar Khan Bahmani, hatte 1347 seine Unabhängigkeit vom Sultan von Delhi erklärt und das eigenständige Bahmani-Reich gegründet. Mehr als zwei Jahrhunderte blühte das Reich. Kaufleute, Poeten und Reisende aus Persien, Arabien und dem Osmanischen Reich kamen hierher. Zu Beginn des 15. Jahrhunderts erlebte das Reich unter Firoz Shah seinen Höhepunkt: Er förderte Kunst, Wissenschaft, Architektur und Religion und versuchte sogar, die Kulturen der Hindus und Moslems miteinander zu verbinden. Doch dann zerfiel das Bahmani-Reich in fünf unabhängige, untereinander zerstrittene Sultanate. Erst als ihnen die Niederlage im Krieg gegen den Vijayanagar-Herrscher Rama Raya drohte, bildeten sie eine Koalition und besiegten den Hindu-Staat 1565 in der historischen Schlacht bei Talikota.

Highlights in Bijapur: Moschee und Mausoleen

Eine der blühenden Sultanatshauptstädte war Bijapur. Zwar wurde auch sie später gebrandschatzt und geplündert, aber dennoch blieb vieles gut erhalten. Noch immer umgibt eine zehn Kilometer lange massive Befestigungsmauer mit Graben und Zinnen das historische Zentrum Bijapurs. Dort, im Herz der 200 000-Einwohner-Stadt, zwischen hektischen Straßenkreuzungen, Busbahnhof und Markt, dehnen sich schattige Parkanlagen um die Mauerreste früherer Paläste und Monumentalbauten aus. Am Mausoleum Ibrahim Roza sind sogar noch die zierlichen Türme, reich gegliederten Konsolen, edel gezogenen Fensterbogen und filigranen ornamentalen Dekors zu bewundern. Bijapurs riesige Jumma-Masjid-Moschee erhielt 1576 als revolutionäre Neuheit in der südindischen Baugeschichte ein halbrundes Kuppeldach, wie es später die meisten Moscheen und Mausoleen der islamischen Herrscher decken sollte.
Das mächtigste und eindrucksvollste Erbe der Sultane ist jedoch das Gol-Gumbaz-Mausoleum. Wie eine Fata Morgana steht die riesige, 59 Meter hohe graue Kuppel hinter Bäumen in einem

Bijapur: Im Norden der Zitadelle steht das unvollendete Ibrahim-Adil-Shah-Grabmal

Gulbarga: Religiöse Reinigung im Mausoleum von Hazrat Gesu Daraz

Grab des Hazrat Gesu Daraz: Schuhe . . . . . . Opferblumen (unten)

Spitzbogenfenster, Kuppeldächer und Minarette – in Bijapur und Gulbarga im Norden Karnatakas dominiert die islamische Baukunst, denn das Dekhan-Plateau war zur Zeit des europäischen Mittelalters die Grenze, zu der die Truppen des Sultans von Delhi in den Süden vorgedrungen waren. Vor allem Baumeister und Kunsthandwerker aus Persien hatten ihr ganzes Können nach Indien gebracht und im Auftrag ihrer Herrscher Schulen und Werkstätten eröffnet. Und noch heute leben in dieser Region verhältnismäßig viele Moslems.

Park. Im Innern der Hauptkuppel verläuft die »Flüstergalerie«. Doch der akustische Effekt geht zumeist unter im Geräuschinferno, wenn ganze Schulklassen das mindestens siebenfache Echo lautstark austesten. Nur wer kurz nach Sonnenaufgang die Wendeltreppen unter das Dach steigt, kann die Stille – und das Echo – dieses Ortes wirklich spüren.

In Gulbarga, der nördlich von Bijapur gelegenen ersten Hauptstadt der Bahmani-Sultane, wimmelt es geradezu von Mausoleen, wobei jenes des Sufi-Heiligen Hazrat Gesu Daraz seit dem 15. Jahrhundert Pilger anlockt.

Obschon der Islam in den Städten des Dekhan-Plateaus dominant erscheint, leben hier weit weniger Muslime als Hindus. Seit der Teilung von Indien und Paki-

Säulengang der Solah-Khamba-Moschee

stan machen sie landesweit nur noch elf Prozent der Bevölkerung aus. Die Lehren des Korans, der Grundsatz der Gleichheit aller vor dem einen Gott Allah, auch die schnörkellose Schlichtheit in der Ausübung der religiösen Rituale, stehen in krassem Gegensatz zur üppig götterreichen Hierarchie des Hinduismus – eine Herausforderung, die typisch ist für dieses Land der Gegensätze, die ohne Puffer aufeinander prallen.

Im einen Extrem sind Islam und Hinduismus als Reformbewegung der Sikhs zu einer Religion verschmolzen, im anderen

Ein junger Straßenhändler verkauft in Gulbarga islamische Käppchen

Bidar: Die Solah-Khamba-Moschee von 1327. . .

. . . befindet sich im Fort (unten)

Kaum von Touristen besucht wird Bidar, eine ländliche Moslem-Stadt mit zahlreichen beeindruckenden Baudenkmälern. Das wichtigste ist das mit gewaltigen Mauern und Bastionen stark befestigte Fort mit der 1327 errichteten Solah-Khamba-Moschee im Innern.

Turbanträger sieht man im Norden Karnatakas häufig

Mosaikreste an der Madrasa des Khwaya Mahamud Gawan in Bidar

Extrem explodiert gelegentlich das labile Gleichgewicht. So geschah es im Jahr 1993, als eine Welle von religiös motivierten Anschlägen und Morden das Land überzog. Aber auch danach gab es immer wieder Auseinandersetzungen, besonders im armen Norden. Indien scheint sich immer weiter vom toleranten, pluralistischen Nationalismus zu entfernen, den Mahatma Gandhi einst verkörperte – und dafür von einem hinduistischen Fanatiker getötet wurde. Die zunehmenden sozialen Spannungen, die Armut großer Teile der Bevölkerung sind der Nährboden, auf dem Fundamentalisten eine »Herrschaft der Hindus« errichten wollen. Ihre Partei, die Bharatiya Janata Party (BJP), hat sich inzwischen zu einer der stärksten politischen Kräfte im Land entwickelt. Doch im südindischen Alltag begegnen sich beide Gruppen zumeist mit gegenseitiger Toleranz.

Aus Bidar kommen fein verzierte Bidri-Waren

Mitte des 15. Jahrhunderts verlegten die Bahmani-Erben ihre Kapitale von Gulbarga nach Bidar an die strategisch wichtige Sprachgrenze von Kannada, Telugu und Marathi, ganz in der Nordostecke von Karnataka. In Bidar ist von der Vergangenheit wenig zu spüren, doch am Weg zum mit gewaltigen Mauern und Bastionen befestigten Fort, im Gewühl der Basare, liegt die alte Universität mit bruchstückhaft erhaltenen Mosaiken und bunten Fliesen nach dem Vorbild persischer Koranschulen. Gründer der Lehrstätte war Mahmud Gawan, ein Abkömmling des Schahs von Persien.

Aus dem Iran kam auch Abdullah-bin-Kaiser, um die Paläste mit Einlegearbeiten aus Metall zu schmücken und auf Geheiß des Sultans in Bidar ein Ausbildungszentrum zu etablieren. Nach wie vor produzieren die Hersteller der Bidri-Waren eine Legierung aus Zink, Kupfer und Zinn, die sie zu Vasen, Kannen, Schalen oder Schmuckschachteln gießen. Darauf meißeln sie feine Blumenmuster und Ornamente, die mit Silberfäden und Plättchen nachgezeichnet werden. Um den Kontrast zur Metall-Legierung hervorzuheben, muß der Gegenstand dann mit einer Paste aus dunkler Erde eingerieben werden, die man nur unter mindestens 300 Jahre alten Ruinen findet – in Bidar besteht kein Mangel an solch spezieller Erde.

REISE-INFO KARNATAKA NORDEN

Badami

Karte: Seite 112/113, Planquadrat C 4.
Anreise: Von Bijapur (130 km) gibt es Bummelzüge, schneller sind Busse; sie fahren auch von Hampi (180 km).
Unterkunft: Am Weg zum Bahnhof, 2 km außerhalb von Badami, hat das neuere Hotel »Badami Court« (Station Rd., Tel. 0 83 57/34 30) komfortable, teilweise klimatisierte Zimmer. Das staatliche Hotel »Mayura Chalukya« liegt am Ortsrand (Ramdurg Rd., Tel. 32 46) und hat einfache, günstige und dennoch recht ordentliche Räume.
Sehenswürdigkeiten: Im Provinzstädtchen Badami sowie in den umliegenden Dörfern Aihole (46 km) und Patadakal (24 km) haben die Baumeister der Chalukya-Dynastie (6.–8. Jh.) Kulthöhlen und erste freistehende Tempel hinterlassen. Zwischen den Ortschaften verkehren ab und zu Busse. Die Hotels organisieren ein Taxi oder Mietfahrrad.
Ausgehen: Eine vielseitige Menükarte bietet das Restaurant im Hotel »Badami Court« (Station Rd.). Um den Busterminal gibt es zahlreiche einfache Lokale – eine gute Küche pflegt das »Sanman« (Station Rd.). Im Dorf Aihole verpflegt das »Tourist Home« Gäste, die sich zum Essen angemeldet haben.

Hampi

Karte: Seite 112/113, Planquadrat C 4.
Anreise: Zum Ausgangspunkt Hospet gibt es täglich Busverbindungen von Bangalore (350 km) und Panaji (315 km).
Unterkunft: In Hampi selbst gibt es einige spartanische Privatzimmer. Die Hotels liegen im 13 km entfernten Hospet: Populär ist das »Malligi« (Hampi-Bellary-Rd., Tel. 0 83 94/4 81 08). Das komfortable Hotel »Priyardarshini« im Stadtzentrum hat auch klimatisierte Zimmer (Station Rd., Tel. 4 88 38).
Sehenswürdigkeiten: Vijayanagar, beim heutigen Dorf Hampi, war bis ins 16. Jh. Hauptstadt des gleichnamigen Hindu-Reiches. Im Tempelbezirk lockt der Virupaksha-Tempel noch heute Pilger an; dahinter erhebt sich der Hemakuta-Hügel mit Tempelruinen zwischen mächtigen Felsbrocken. Berühmt ist der steinerne Götterwagen des Vittala-Tempels. Über die alte Prozessionsstraße gelangt man zum mehrere Kilometer entfernten königlichen Wohnbereich – u. a. mit dem Bad der Königin, Elefantenstallungen. Zwischen Hospet und Hampi verkehren Busse und Rikschas.
Ausgehen: In Hospet, an der Hauptmeile (Station Rd.), ist »Shambhag« ideal zum Frühstück oder Mittagessen. Am Abend füllt sich der »Eagle Garden« hinter dem Hotel »Malligi«. In Hampi gibt es Imbißlokale am Basar im Tempelbezirk und im königlichen Bezirk das Restaurant »Lotus Mahal«.

Bijapur

Karte: Seite 112/113, Planquadrat B 4.
Anreise: Busverbindungen gibt es laufend von Gulbarga (145 km) und Badami (130 km) sowie mehrmals täglich von Hospet (220 km) und Hyderabad. Bahnverbindungen bestehen von Badami und Hospet.
Unterkunft: In Bijapur fehlen gute Hotels. Das beste ist noch das staatliche »Mayura Adil Shahi« (Anand Mahal Rd., Tel. 0 83 52/2 09 34).
Sehenswürdigkeiten: Gol-Gumbaz-Mausoleum von 1659 (tgl. 6–18 Uhr); die Skulpturensammlung im Archäologischen Museum ist ab 10 Uhr zugänglich. Außerhalb der Stadtmauern liegt das beeindruckende Ibrahim-Roza-Mausoleum (16. Jh.). Zwischen den Zinnen der Ringmauer kann man Malik-i-Maidan, eine 4 m lange Riesenkanone, sehen. Die große Jumma-Masjid-Moschee ruft seit 1567 die Gläubigen zum Gebet; im Stadtzentrum wimmelt es von zerfallenen Monumentalbauten.
Ausgehen: Stimmungsvoll ist das Gartenrestaurant des Hotels »Mayura Adil Shahi« (Anand Mahal Rd.), doch der Service ist langsam. Neben der Post lockt die Terrasse des Restaurants »Swapna Lodge« mit guten Mahlzeiten.

Bahmani-Mausoleum bei Ashtur

Gulbarga

Karte: Seite 112/113, Planquadrat B 5.
Anreise: Gulbarga liegt an der Eisenbahnstrecke Bombay–Bangalore, hat aber auch Verbindungen von Hyderabad. Busse fahren laufend ab Bidar (120 km), häufig ab Hyderabad (220 km) und täglich ab Bangalore, Bijapur und Hospet.
Unterkunft: Große, helle Zimmer hat das Hotel »Aditya« (Main Rd., Tel. 0 84 72/2 40 40). Kleiner sind die Zimmer im Mittelklassehotel »Pariwar« (Main Rd., Tel. 2 25 22).
Sehenswürdigkeiten: Gulbarga hat sich längst über die alten Festungsmauern ausgedehnt, und innerhalb der Zitadelle ist nicht viel erhalten: der zu einer Wohnstraße umfunktionierte Basar, der Bala-Hasir-Turm und die verlassene Jumma-Masjid-Mosche (14./15. Jh.) – ursprünglich vermutlich ein Versammlungsgebäude voller Säulen und spitz zulaufender Bogen. Nahe der Zitadelle mit ihrer 16 m dicken Mauer ragen die Kuppeldächer königlicher Mausoleen gen Himmel. Verehrt wird das Grab (1422) des Philosophen Hazrat Gesu Daraz.
Ausgehen: Die beiden Hotels führen vegetarische Restaurants.

Bidar

Karte: Seite 112/113, Planquadrat B 5.
Anreise: Per Bus und Bahn gibt es täglich Verbindungen von Hyderabad (120 km) und Bangalore (780 km). Zudem fahren regelmäßig Busse von Gulbarga (120 km) und Bijapur (265 km).
Unterkunft: Die Zimmer sind spartanisch, sei es im »Mayura Barid Shahi« (Main Rd., Tel. 0 84 82/65 71) oder im »Airlines« (Ganesh Maidan, Tel. 68 83).
Sehenswürdigkeiten: Vom Ortszentrum gelangt man durch den alten Basar zu den Ruinen der einst renommierten Universität Mahamud Gawan (1472) und weiter zum mächtigen Fort. Innerhalb der gut erhaltenen Festungsmauern liegen zahlreiche Ruinen und Gebäude der früheren Bahmani-Kapitale.
Ausgehen: Eine köstliche vegetarische Küche pflegt »Udupi Krishna« auf einer Dachterrasse (Gandhi Gunj Rd.).

ANDHRA PRADESH

Das Mekka Südindiens

Einmal nach Tirumala zu pilgern – davon träumt jeder Hindu, denn Gott Venkateswara verspricht Reichtum. Täglich kommen bis zu 100 000 Gläubige, opfern ihre Haare und spenden Geld (Foto: Tempelbad in Tirumala). Stark muslimisch geprägt ist dagegen der Norden des armen Landes rund um die Landeshauptstadt Hyderabad.

Durch die Basarstraßen von Tirumala, einer mehr als 2000 Jahre alten Pilgerstätte in der Südostecke von Andhra Pradesh, drängen sich zahlreiche Männer, Frauen und Kinder mit kahlgeschorenen Köpfen. Grund für die Glatzen ist keine Läuseplage, sondern Gott Venkateswara, der die Haartracht der Gläubigen als besondere Opfergabe zu schätzen weiß. In speziell für das Gundu-Opfer vorgesehenen Hallen kappen Friseure wie am Fließband mit scharfen Messern das schwarze Haar der Pilger. Und alle drei Monate versteigert diese Sammelstelle das kostbare Menschenhaar in alle Welt. Der Kult um Sri Venkateswara ist uralt, erlebt aber in den letzten Jahrzehnten einen phänomenalen Boom. Einmal im Leben nach Tirupati zu fahren ist für seine Anhänger ein absoluter Höhepunkt, und in fast jedem südindischen Geschäft oder Büro hängen farbenfrohe Poster mit dem Porträt der Gottheit. Denn Sri Venkateswara soll den materiellen Reichtum fördern, obschon in der indischen Mythologie festgehalten ist, daß sich der Gott massiv verschuldete und dem Geldgeber Kubera nicht einmal die Zinsen zurückzahlen konnte. Nicht umsonst besitzt Sri Venkateswara auch die großzügige Fähigkeit, Sünden zu zerstören, und dieses Talent ist mit ein Grund, weshalb der Tempeltrust von Tirumala zu den reichsten religiösen Institutionen der Welt zählt.

250 Millionen Mark lassen die Pilger jährlich in Tirumala

Über fünf Milliarden Rupies nimmt das Pilgerzentrum jährlich ein, fast 250 Millionen Mark. Einen großen Teil des Geldes steckt der »Tempel«, der Tirupati Tirumala Devastana, in Kranken- und Waisenhäuser, Schulen und die Sri Venkateswara-Universität. Und nicht zuletzt werden damit die 6000 Angestellten bezahlt, die für die perfekt organisierte Betreuung der Pilgermassen sorgen.

Die Lokalzeitung berichtet ab und zu von anonymen Geldspenden, deren Höhe sogar Europäer erstaunt. Bei täglich gut 50 000 Besuchern zählen aber auch bescheidene Spenden in Form von Haar, Laddus (Süßigkeiten) und Beiträgen für Darshan, die religiösen Rituale. Viele Firmen bringen neue Produkte zum Absegnen nach Tirumala, bevor sie auf den Markt kommen. So hat es sich beispielsweise für die Produzenten des moder-

Seit der Stadtgründung 1591 ist der Charminar-Triumphbogen das Wahrzeichen Hyderabads

An hohen Feiertagen kommen bis zu 10 000 Gläubige in die Mecca-Masjid-Moschee

Der Hussain-Sagar-See trennt Hyderabad vom modernen Secunderabad

Hyderabad: alltägliches Verkehrschaos

Im Lud Bazar (unten)

Hyderabad ist mit 4,7 Millionen Einwohnern Südindiens größtes Zentrum der islamischen Kultur, und die Altstadt versetzt die Besucher in ihren Basarstraßen und Märkten in eine Welt, die sich scheinbar seit dem 17. Jahrhundert kaum gewandelt hat. Das moderne Leben konzentriert sich auf Stadtbezirke wie die Abids. Wirtschaft und Industrie haben sich vorwiegend in der 1798 gegründeten, kleineren Schwesterstadt Secunderabad angesiedelt.

nen Kleinwagens »Maruti« offenbar gelohnt, den Prototypen von Sri Venkateswara segnen zu lassen. Zumindest fahren die Volkswagen zwischen altmodischen »Ambassadors« und ratternden Bussen unablässig die 20 Kilometer lange panoramareiche Gebirgsstraße von Tirupati nach Tirumala auf den Gipfel der Seshachalam-Hügelkette hoch.

Vater und Sohn auf dem Weg zur Moschee

Dort oben bilden sich zwischen Pilgerunterkünften und Großkantinen in einem Labyrinth von Gängen und Barrieren kilometerlange Menschenschlangen. Erst nach geduldigem, stundenlangem Warten gelangen die Pilger durch vergoldete Tore ins innerste Sanktuarium des Sri Venkateswara-Tempels. Angestellte schubsen die Gläubigen, die beim Anblick des goldenen Idols erstarren, ruppig weiter – vorbei an riesigen Opferstöcken, die sich mit Geldscheinen, Goldschmuck und Edelsteinen füllen.

Wahrlich beeindruckend muß auch der Reichtum des letzten Nizam der Asaf-Jahi-Dynastie gewesen sein. Osman Ali Khan herrschte als einer der vermögendsten Männer der Welt bis zur Unabhängigkeit Indiens 1947 über das Dekhan-Plateau, das im Norden von Andhra Pradesh sanft zum Golf von Bengalen abfällt. Britische Abgeordnete berichteten, im Palast des Nizam in Hyderabad seien unzählige Räume vollgestopft mit Goldbarren, Münzen und Schmuckstücken. Allein mit dem Abstauben der Kronleuchter im Palast waren mindestens drei Dutzend Leute beschäftigt. Der Nizam selbst lief jedoch in abgewetzten Pantoffeln über die Edelholzböden und rauchte prinzipiell nur die billigsten Zigaretten. Durch die Vernachlässigung der Bewässerungssysteme und den mangelnden Aufbau von Industrien verkam Andhra Pradesh zu einer der ärmsten Regionen der Welt. Dennoch bestand der letzte Nizam nach der Unabhängigkeit Indiens darauf, Andhra Pradesh als eigenständigen islamischen Staat weiter zu regieren. Als er sich mit der muslimischen Liga verbündete, erzwang das Militär den Verbleib in der Indischen Union. Die Grenzen wurden neu gezogen, die Landwirtschaft durch den Bau von Bewässerungsanlagen gefördert. Doch wirtschaftlich ist Andhra Pradesh unbedeutend geblieben. Und arm und unterentwickelt dazu: Nur in wenigen anderen Bundesstaaten gibt es ebenso viele Analphabeten.

Hyderabad, die prachtvolle Kapitale des letzten Nizam, ist nach wie vor das Staatszentrum. Um den Triumphbogen Charminar inmitten der Altstadt pulsiert das Leben in den Basarstraßen wie seit der Stadtgründung vor 400 Jahren. Wie damals preisen Händler lautstark ihre Waren an, nur daß die Stimmen heutzutage untergehen im Lärm der motorisierten Vehikel, die sich hupend durch die Menschenmengen, an Ochsenkarren und Fahrrad-Rikschas vorbeidrängen. Der Verkehr in dieser Stadt, das sagen auch die Inder, ist der Alptraum eines gewissenhaften Kraftfahrers.

Festungsmauern der Zitadelle in Golkonda

Am geschäftigen Lad Basar, der »Straße der Liebe«, studieren verschleierte neben modern gekleideten Frauen die kostbaren Seidenstoffe der Tuchhändler und die Perlen der Juweliere. Hyderabad zählt zu den weltweit führenden Zentren des Perlenhandels. Denn der Gründer der Asaf-Jahi-Dynastie, der sich als Gouverneur des Mogulreiches zu Beginn des 18. Jahrhunderts von Delhi lossagte, war ein leidenschaftlicher Perlensammler. Er überhäufte seine Frauen mit Perlenschmuck, ließ an Geburtstagen ihr Gewicht mit Perlen aufwiegen und aus Perlenpulver ihre Kosmetik herstellen. Händler brachten dem Nizam die Muschelschmuckstücke aus allen Weltmeeren, und die Goldschmiede des Hofes lernten, sie kunstvoll, in Kombination mit Gold und Edelsteinen, zu verarbeiten.

Auch einige der berühmtesten Diamanten der Welt stammen aus Hyderabad, beziehungsweise aus den nahen Diamantminen der früheren Hauptstadt Golkonda: so der »Orlow«, den Katharina die Große am Hof von St. Petersburg entgegennahm, auch der »Great Table«, der »Pit« und der »Kohinoor«, den sich Queen Victoria von England schenken ließ. An der Basarstraße, die hinter Golkondas mächtigen Festungsmauern auf die Kapitale zu führt, sollen einst Diamantenhändler die glitzernden Steinchen gleich haufenweise an türkische, persische und arabische Kaufleute verkauft haben.

Golkonda: die Festungsstadt der Bahmani-Sultane

Im 12. Jahrhundert errichteten die Hindu-Fürsten von Warangal hier, elf Kilometer außerhalb des Zentrums von Hyderabad, ein erstes Fort. Die Bahmani-Sultane und später die selbständig gewordenen Shahs bauten Golkonda zu einer uneinnehmbaren Festung aus. Erst 1687 fiel sie durch Verrat an das großindische Mogulreich von Aurangzeb.

Noch immer wirkt die sepiafarbene Geisterstadt kompakt und trutzig, mit den massiven Ringmauern, Bastionen und Türmen. Fledermäuse hausen in den Gemächern des Harems; erhalten sind unter anderem auch Kamelställe, das Pulverhaus, eine Moschee, die Gerichtshalle und Tonrohre, durch die Wasser – von persischen Rädern auf den Berg befördert – in die Bäder, Zisternen, Gärten und Küchen lief. Am Fuß des Stadthügels schufen sich die Shah-Sultane insgesamt 20 Mausoleen, deren weiße zwiebelförmige Dächer aus der wüstenhaften Landschaft leuchten. Während der Eroberung durch die Mogultruppen hatten die Grabmahle ihre Pracht weitgehend verloren. Aber zu Beginn des 20. Jahrhunderts bemühte sich Salar Jung, der kulturbeflissene Minister des Nizams, um deren Restaurierung.

Bettler im Zentrum von Hyderabad

Im Abendlicht leuchtet der leerstehende Palast des Asaf Jah, Purani Haveli

Islamische Frauen tragen in der Öffentlichkeit schwarze Burquas

Die Patherghatty Road in Hyderabad ist ein Zentrum des Perlenhandels

Sultan Quli Qutb Shah, ein persischer Abenteurer und abtrünniger Gouverneur des Bahmani-Reiches, erzwang 1512 seine Unabhängigkeit und machte Golkonda zu seiner Kapitale. Noch heute ist die befestigte Geisterstadt nahezu komplett erhalten. Die 15 bis 18 Meter hohe Stadtmauer mit ihren 87 halbkreisförmigen Bastionen umschließt Läden, Häuser, Wasserreservoirs und Felder. Und auch in Andhra Pradeshs nur acht Kilometer entfernten Hauptstadt Hyderabad blieb manches erhalten, so der überaus prachtvolle Purani-Haveli-Palast.

Qutb Shah-Mausoleum bei Golkonda

Salar Jung war auch ein manischer Sammler, der scheinbar recht wahllos alle erdenklichen Kunstgegenstände aus der ganzen Welt nach Hyderabad brachte. Das Salar-Jung-Museum beherbergt einen Großteil der 35 000 Sammelstücke, ein Kuriositäten-Kabinett gewaltigen Ausmaßes: Spielzeug, Uhren, indische Antiquitäten, Skulpturen, Bilder, Waffen, chinesisches Porzellan, tibetanische Wandbehänge, japanische Stickereien . . . – unvorstellbar, daß ein einziger Mann so viele Sachen erwerben konnte. Der Reichtum, der den Herrschern ihre Marotten erlaubte, war die andere Seite der weitverbreiteten Armut im Lande. Und noch heute ist das extrem niedrige Lohnniveau der Angestellten ein entscheidender Faktor für das Wohlergehen der indischen Ökonomie. Viele Jahre setzte das Riesenland auf eine staatlich gelenkte Wirtschaft – mit geringem Erfolg. Nun sollen vermehrt internationale Unternehmen nach Indien gelockt, der Staatsanteil gesenkt und Subventionen abgebaut werden. Indien vertraut auf die »Kräfte des freien Marktes«, davon hat bisher besonders die Mittelschicht profitiert, das Millionenheer der Armen wächst durch die hohe Geburtenrate dennoch immer weiter.

Armut als Schicksal, schlafen auf Asphalt

Wenn die Nacht über Hyderabad einbricht und sich die eleganten Restaurants im modernen Stadtteil Abids beleben, verwandeln sich einige Quartierstraßen durch das soziale Engagement der Anwohner in ein Meer von Feldbetten. Vielen bleibt allerdings nichts anderes übrig, als sich zum Schlafen auf den Asphalt zu legen und das Karma der Armut als gottgewollt zu betrachten. Die allerwenigsten leben freiwillig auf der Straße. Zwar berichten die indischen Medien immer wieder von wohlhabenden Unternehmern, die alles aufgeben, um ihr weiteres Leben als Bettelmönch zu verbringen, und sogenannte Sadhus verzichten bewußt auf alles, was das Weltliche an Genüssen zu bieten hat – aber das sind Ausnahmen.
Eines der prägenden Vorbilder für die freiwillige Wahl der Besitzlosigkeit war Siddharta Gautama, der um das Jahr 560 v. Chr. am Fuß des Himalaja zur Welt kam und seine Familie verließ, um die Wahrheit zu finden: die Erkenntnis vom Leid

Tirumala: weißgetünchter »Götterberg«

Kuppel des Sri Venkateswara-Tempels

Stundenlang müssen die Pilger geduldig warten, um in den Venkateswara Tempel zu gelangen

Haare sind neben Geldbeträgen eine obligate Opfergabe

Glück und vor allem Erfolg verspricht eine Pilgerfahrt nach Tirumala

Der Pilgerandrang zum Sri Venkateswara-Tempel in Tirumala ist so enorm, daß Tafeln an den Eingängen mitteilen, wieviele Stunden die Menschen noch warten müssen, um zur Vishnu-Statue im Sanktuarium vorzurücken. Das Heiligtum liegt oberhalb von Tirupati und ist umgeben von einer eigenen Tempelstadt.

und vom Weg zur Überwindung jeglichen Leids. Als Buddha, als Erleuchteter, zog er schließlich lehrend und werbend durch Nordindien.

In Andhra Pradesh blühten zu Beginn des ersten Jahrtausends mehrere bedeutende Zentren buddhistischer Gelehrsamkeit; in Amaravati, Nagapattinam sowie Nagarjunakonda stießen Forscher in den zwanziger Jahren des 20. Jahrhunderts auf imposante Spuren dieser hoch entwickelten Megalithkultur. Obschon sich Buddhas Philosophie von Indien im gesamten asiatischen Raum verbreitete, ist die buddhistische Gemeinde im Ur-

Souvenirstand vor dem Tempel in Tirumala

sprungsland eine Minderheit; nur noch 0,7 Prozent bekennen sich zu dieser Religion. Die meisten Aktivitäten werden heute von Gläubigen aus Tibet, Sri Lanka oder Japan getragen.

In Nagarjunakonda beteiligte sich das buddhistische Ausland an einer Rettungsaktion, als die indische Regierung in den fünfziger Jahren beschloß, das verödete Tal der Krischna im Herzen von Andhra Pradesh durch den Bau eines Staudammes zu beleben. In sechsjähriger Arbeit wurden Stupas, buddhistische Klöster, Bäder und Skulpturen – die Überreste der antiken Metropole Sriparvata – ausgegraben und originalgetreu auf dem Nagarjunakonda-Berg rekonstruiert.

Im 3. und 4. Jahrhundert war die Hauptstadt der Ikshvaku-Dynastie weltbekannt, Studenten aus fernen Ländern wie China und Birma lernten an der renommierten Universität. Heute tuckern Motorfähren vom fruchtbaren Ufer des Krischna-Stausees zur Museumsinsel. Und es scheint, daß Moderne und Altertum dort glücklich zueinander gefunden haben.

Hyderabad

Karte: Seite 112/113, Planquadrat B 5.
Anreise: Flüge gibt es täglich von Madras, Bangalore und Bombay sowie mehrmals wöchentlich von Tirupati. Zudem ist Andhra Pradeshs Hauptstadt per Bahn und Bus mit allen wichtigen Städten des Südens verbunden.
Unterkunft: Recht neu ist das Fünfsternehotel »Krishna Holiday Inn« (off Rd. No. 1, Tel. 08 42/39 39 39). Das ebenfalls neue »Viceroy« (Tankbund Rd., Tel. 61 83 83) bietet einen Blick auf den Hussain-Sagar-See und einen Pool. Ruhig und zentral liegt das Mittelklassehotel »Emerald« (Chirag Ali Lane, Abids Rd., Tel. 20 28 36). Großzügige, preiswerte Räume hat das einfachere »Jaya International« (Reddy Hostel Lane, off Mahipatram Rd., Tel. 23 29 29).
Sehenswürdigkeiten: Die Basarstraßen um den 1591 erbauten Triumphbogen Charminar sind voller Überraschungen. Gegenüber Charminar, in der Mecca-Majid-Moschee (1614–87), können bis zu 10 000 Gläubige beten. Das Salar-Jung-Museum zeigt die riesige internationale Kunstsammlung des Premierministers (Riverbank, Sa–Do 10–17 Uhr). Ganz aus weißem Marmor auf einem Stadthügel geschaffen ist der Sri Venkateswara-Tempel oder Birla Mandir – benannt nach der Industriellenfamilie, die den Bau in den siebziger Jahren finanzierte. Die Aussicht von der weiten Terrasse über den 300jährigen Hussain-Sagar-See zur modernen Schwesterstadt Secunderabad wird vor allem zum Sonnenuntergang geschätzt (tgl. 7–12 und 15–21 Uhr). Im Hussain-Sagar-See, auf dem Buddha-Purnima-Komplex, steht seit 1992 eine 17 m hohe Monolithstatue Buddhas. Am Stadtrand pflegt Hyderabad einen der größten Zoologischen Gärten Asiens, inklusive Löwensafaripark (Nehru Park, Di–So 9–17 Uhr).
Ausgehen: Eine Art Institution ist zur Mittagszeit das bescheidene, stimmungsvolle »Grand Hotel« hinter dem Hauptpostamt (Bankstreet). In der Nachbarschaft empfiehlt sich zum gediegenen Dinieren das »Palace Heights«, zuoberst im markanten Hochhaus mit Blick aufs Lichtermeer (Abids). In den Public Gardens bietet das »Indian Coffeehouse« Erfrischungen. Typische Hyderabadi-Küche bietet seit 1953 der »Paradise Garden« in einem Patio in der Schwesterstadt Secunderabad (Ecke Sardar Patel Rd., M. G. Rd.).

REISE-INFO
ANDHRA PRADESH

Einkaufen: Hyderabad ist ein Zentrum für Perlenschmuck mit unzähligen Geschäften an der Patherghatty Rd., nahe Charminar. In der Nachbarschaft befindet sich auch der »Bangle Market« für Armreifen. Bidri-Metallwaren, Seide aus Pochampalli, Teppiche aus Warangal und Holzspielzeug aus Kondapalli sind weitere Spezialitäten.
Ausflüge: Busse und Rikschas fahren zur 11 km entfernten Geisterstadt Golkonda, wo man Stunden damit verbringen kann, die gut erhaltenen Ruinen und königlichen Gräber zu erkunden; es gibt Restaurants am Ort. Das Fremdenverkehrsbüro organisiert Ausflüge nach Warangal (140 km), in die frühere Hauptstadt der ruhmreichen Kakatiya-Dynastie (12.–14. Jh.).
Information: Himayatnagar Rd., Tel. 63 00 37.

Tirupati

Karte: Seite 112/113, Planquadrat D 6.
Anreise: Es gibt Flugverbindungen von Hyderabad, Madras und Bangalore. Busse fahren mehrmals täglich von Madras (155 km), von Bangalore (260 km) und Hyderabad (650 km) einmal täglich. Direktverbindungen von diesen Städten bietet auch die Eisenbahn.
Unterkunft: Das neuere Hotel »Bhimas Deluxe« liegt über der Brücke in einem Garten am Stadtrand (Car Street 34, Tel. 0 85 74/2 01 21). Einfacher, aber auch recht ruhig gelegen, ist in der Nachbarschaft das »Sri Urvasi« (Car Street, Tel. 2 02 02). Beim Busterminal bietet das freundliche Hotel »Mayura« von den oberen Stockwerken Ausblick über die Stadt (T. P. Area, Tel. 2 59 25). In Tirumala führt die Tempelverwaltung Pilgerunterkünfte mit unterschiedlichem Komfort.
Sehenswürdigkeiten: In Tirupati herrscht ein Kommen und Gehen von Pilgerbussen. Abseits der Hauptverkehrsader, in den schmalen Marktgassen, zeigt das Provinznest durchaus Charme.
Ausgehen: Das Restaurant des Hotels »Bhimas Deluxe« serviert Fleischgerichte und Alkohol, vegetarische Mahlzeiten gibt es in zahlreichen kleinen Lokalen im Stadtzentrum. In Tirumala verpflegen mehrere Großkantinen die Pilger mit einer Gratismahlzeit.
Ausflüge: Von Tirupati fahren alle 30 Minuten Busse zum eigentlichen Pilgerort Tirumala auf 860 m ü. d. M. Rings um den Sri Venkateswara-Tempel befinden sich Pilgerunterkünfte, Marktstände und das Haus mit den Frisören für das Gundu-Haaropfer. Je nach Andrang kann man den teureren und schnelleren oder den gewöhnlichen Eingang zum Tempel wählen und schließlich zum Sanktuarium mit der Statue des Venkateswara vorrücken. Die Atmosphäre ist einzigartig. Von Tirupati fahren auch laufend Busse ins 11 km entfernte Dorf Chandragiri. Nach dem Fall des Vijayanagar-Reiches (siehe Karnataka) hatten sich die Herrscher 1592 in bescheidene Paläste zurückgezogen.

Marmortempel »Birla Mandir« in Hyderabad

Nagarjunakonda

Karte: Seite 112/113, Planquadrat C 6.
Anreise: Von Hyderabad (160 km) gibt es täglich mehrere Busverbindungen zur nahe gelegenen Schwesterstadt Nagarjunasagar. Von Hyderabad organisiert auch das Fremdenverkehrsbüro Ausflüge.
Unterkunft: Es gibt staatliche Gasthäuser, wie das »River View« und das »Lake View« (beide Tel. 0 80 48 83/2133).
Sehenswürdigkeiten: Boote fahren tgl. um 9.30 und um 13.30 Uhr zur Museumsinsel, wo die Stupas, Badeplätze und Klosterruinen der buddhistischen Metropole Sriparvata rekonstruiert wurden. Das Museum zeigt Megalith-Skulpturen, auch archäologische Funde aus dem 3. und 4. Jahrhundert; beeindruckend ist die Buddhastatue aus dem Simhala-Vihara-Kloster.
Ausgehen: Die Hotels verpflegen ihre Gäste, und in Nagarjunasagar gibt es einfache Restaurants.
Information: Officer Project House, Hill Colony, Tel. 2133.

Der Venkateswara-Tempel von Tirumala liegt in einer eigenen Tempelstadt mit zahlreichen Pilgerunterkünften und Kantinen

Knoblauchverkäufer in Hyderabad

Zutaten für Hyderabads scharfe Küche: Gewürzstand auf dem Markt

Hyderabad: vor der Mecca-Masjid-Moschee

Unter den südindischen Bundesstaaten erhält Andhra Pradesh, einer der ärmsten Staaten der Indischen Union, die wenigsten Besucher aus dem Ausland, obschon das Land einiges zu bieten hat. Doch außerhalb der Hauptstadt Hyderabad ist die touristische Infrastruktur ziemlich bescheiden, Komfort kann man dort kaum erwarten.

Kino ist eine der liebsten Freizeitbeschäftigungen der Inder

TAMIL NADU: KÜSTE

Die Berge der Götter

Über und über bedeckt von Figuren aus der hinduistischen Sagenwelt sind die Tempeltürme Tamil Nadus (Foto: Nataraja-Tempel in Chidambaram). Wie wahre Götterberge erheben sie sich in den vielen Tempelstädten des Landes, das sich als »indischster« Staat Indiens versteht und alte Traditionen in Musik, Tanz und Kunsthandwerk nach Kräften fördert.

Die Kalakshetra-Akademie bei Madras bildet Tänzerinnen aus

Karussell an der Strandpromenade Marina (unten)

P. Gobinath ist Mitglied des Cholamandalam Artist's Village

Madras ist ein Zentrum für die Herstellung von Musikinstrumenten (unten)

Madras, das »Tor zum Süden«, läßt Neuankömmlinge zuerst erschaudern mit seinen tristen Zweckbauten, Fabriken, Werkhallen und Slums. Schnurgerade Verkehrsachsen durchschneiden den wuchernden Sechs-Millionen-Moloch, den Verkehr und Industrie unter einen Dauerstreß von Lärm und Abgasen setzen. Aber im Vergleich zu Bombay, Kalkutta oder Delhi ist die Atmosphäre hier immer noch relativ friedlich, Enge und Überbevölkerung scheinen erträglich, die Menschen sind freundlich. Und wenn man sich wie Einheimische in der Hauptstadt des südöstlichen Bundesstaates Tamil Nadu bewegt – sich also auf Einzelheiten konzentriert –, verwandelt sich die Metropole in einen Ort voll faszinierender Details.

Motorisierte Rikscha-Fahrer schlängeln sich von Lücke zu Lücke durch das Verkehrsdickicht zu den Oasen der viertgrößten Stadt Indiens: zum Fort St. George, wo 1654 die East India Company ihren ersten Handelsposten auf indischem Boden errichtet hatte, zum Marina Beach am Golf von Bengalen, in den Garten der Theosophischen Gesellschaft oder zum Government Museum, das zahlreiche Schätze der südindischen Kultur hütet.

Und die sind dem Land ganz besonders wichtig: Tamil Nadu versteht sich als »indischster« Staat Indiens. Die Tamilen sind Nachkommen der Dravidas, der Ureinwohner Südindiens, und haben sich kaum mit den Ariern vermischt, die einst über den Nordwesten in das Riesenland einwanderten. Auch die Sultane und Moguln konnten sich hier, anders als etwa in Andhra Pradesh oder Karnataka, niemals festsetzen. So konnte das Land seine uralte tamilisch-dravidische Kultur und Sprache erhalten. Und bis zur Unabhängigkeit exportierten Hunderttausende von Tamilen, die sich als Plantagenarbeiter in britischen Kolonien wie Sri Lanka oder Malaysia niederließen, ihre Religion und Kultur bis weit über die Landesgrenzen hinaus.

Die alten Traditionen fördert Tamil Nadus Regierung heute nach Kräften: durch Steuervergünstigungen, Kooperativen und Institute, die den vorwiegend kleinen Kunst-Handwerksbetrieben die Beschaffung von Rohmaterialien und Werkzeugen erleichtern und die Endprodukte vermarkten, aber auch durch größere Projekte. Eines der neuesten ist Dakshinachitra, eine Art »lebendes« Museumsdorf, das die »Madras Craft Foundation« zwischen der Landeshauptstadt und Mahabalipuram am Golf von Bengalen gegründet hat. Dort versucht man, die Kultur Südindiens in Dörfern mit Häusern unterschiedlicher Gemeinschaften und Handwerksgruppen zu bewahren, mit Leben zu füllen und so den Besuchern nahe zu bringen.

In Dakshinachitra lebt die Vergangenheit – im Museum

In mühsamer Kleinarbeit haben die Forscher inzwischen ein Tamil-Nadu-Dorf zusammengetragen und in Dakshinachitra wieder aufgebaut: Es besteht aus einem prächtigen Chettinand-Haus, einem Bauernhof, dem Haus eines Töpfers, zwei Lehmhütten mit Gewächsen der Chettiar-Region und einer Schutzgottheit. Darüber hinaus organisiert das Museum Konzerte und Theateraufführungen und veranstaltet Ausstellungen und Workshops beispielsweise zur traditionellen Webkunst von Kancheepuram oder zur Webtechnik Arni. So werden alte Handwerkstechniken am Leben erhalten und zudem den Menschen der Region neue Erwerbsquellen erschlossen. Denn das Museum vermarktet in einem eigenen Laden die Produkte der ortsansässigen Kunsthandwerker.

Die Inspiration für immer neue Meisterwerke finden die Künstler traditionellerweise in der Religion. In Tamil Nadu wimmelt es von Tempelanlagen, deren Archi-

Indische Disney World: Golden Beach (unten)

Die Theosophische Gesellschaft hat ihren Hauptsitz in Madras (unten)

Madras, die Hauptstadt Tamil Nadus, ist für die meisten Touristen eine Durchgangsstation, denn die internationalen Flugverbindungen sind gut, doch eigentliche Sehenswürdigkeiten bietet die viertgrößte Stadt Indiens kaum. Wer sich für die südindische Kunst und Kultur interessiert, findet in und um Madras jedoch Tanz- und Musikschulen, Filmstudios, eine Wohn- und Arbeitsgemeinschaft von bildenden Künstlern und philosophische Institutionen wie die Theosophische Gesellschaft.

Fischerboot am kilometerlangen Sandstrand von Mahabalipuram

Picknick im Shiva geweihten Kailasanatha-Tempel in Kanchipuram

Das große Wandrelief von der »Herabkunft der Ganga« in Mahabalipuram

In Kanchipuram »segnet« der Elefant Besucher des Ekambareswara-Tempels

Auf dem Felshang oberhalb des Wandreliefs von Mahabalipuram liegt »Krishnas Butterkugel«, ein fast kugelförmiger Felsen

In Kanchipuram

Madras ist Ausgangspunkt für zwei beeindruckende Stätten der Pallava-Dynastie, die zwischen dem 6. und 9. Jahrhundert über die Region herrschte: Kanchipuram, die heilige »Stadt der Tausend Tempel«, war einst Sitz der Pallava-Herrscher und ist heute eine lebhafte Klein- und Pilgerstadt, deren Skyline von zahlreichen Tempeltürmen dominiert wird. Mindestens 125 Schreine gibt es dort. Von Mahabalipuram starteten einst die Handelsflotten der Pallavas zu Fahrten nach Malaysia und Indonesien. In Mahabalipuram hinterließ die Dynastie bedeutende Kunstschätze wie das Großrelief »Herabkunft der Ganga« und einige Tempel mit perfekten Proportionen und herrlichen Bildhauerarbeiten.

tektur und plastische Arbeiten sich gegenseitig übertreffen. Südlich von Madras, in Mahabalipuram, der früheren Hafenstadt der Pallava-Dynastie, schufen Bildhauer bereits vor mehr als 1200 Jahren beeindruckende Wandreliefs, und noch heute hämmern deren Nachkommen im Schatten uralter Tempelanlagen stets neue Götterskulpturen aus dem Gestein.

Westlich von Madras, in Kanchipuram, einer der sieben heiligen Tempelstädte Indiens mit über 100 Tempeln, haben sich die Weber auf die Herstellung von besonders kostbaren Seidensaris spezialisiert. Tanjavur, die imposante frühere Residenz der Chola-Dynastie, ist berühmt für Silberplatten, Bronzeskulpturen und Tanjore-Gemälde, die auf Glas, Holz oder Leinwand seit dem 18. Jahrhundert in ganz Südindien Verbreitung finden; vorwiegend zur Dekoration der Haushalte sind Szenen aus der hinduistischen Mythologie in satten Farben dargestellt und mit Goldpulver ausgeschmückt. Tanjavur brachte auch einige der bekanntesten Komponisten Südindiens hervor, denn Musik und Tanz veredeln von jeher religiöse Zeremonien.

Tempel des göttlichen Tanzes: Kalakshetra-Akademie

In der Antike wurden in den Tempeln sogenannte Devadasis – Dienerinnen der Götter – in Musik, Lyrik und Tanz unterrichtet. Allerdings verlor sich diese Tradition während der britischen Kolonialzeit, bis in den dreißiger Jahren Rukmini Devi Arundale der verpönten Kunst zu neuem Ansehen verhalf: Die selbstbewußte Tochter eines angesehenen Sanskrit-Gelehrten gründete an der südlichen Stadtgrenze von Madras die Kalakshetra-Akademie, gab dem über 2000 Jahre alten tamilischen Bharatanatyam-Tanz neue Impulse und verhalf ihm zu ungeahnter Popularität. Zudem inspirierte sie engagierte Frauen in den Nachbarstaaten, ihrem Beispiel zu folgen und eigene ortstypische Tanzschulen zu gründen.

Schon beim Zuschauen in den Unterrichtsräumen der Kalakshetra-Akademie offenbart sich die harte Körperarbeit des südindischen Tanzes, wenn Rumpfbeugen und Dehnungsübungen die Anfänger, Männer und Frauen, zum Schwitzen bringen. Die Fortgeschrittenen exerzieren mit unerbittlicher Präzision den Rhythmus, mit dem Füße, Knie, Oberkörper, Arme und Hände in genau festgelegte Stellungen geführt werden müssen. Gleichzeitig lernen sie, dem Bharatanatyam mit symbolhaften Gesten und Mienen künstlerischen Ausdruck zu verleihen. Am Nachmittag ergänzen Musik, Yoga oder Sanskritlektionen die Ausbildung. Vorläufig mangelt es nicht an guten Auftrittsmöglichkeiten für die begehrten Schulabgänger.

Zu den prestigeträchtigsten Veranstaltungen zählt das Musikfestival in Madras, zu dem jeweils im Dezember die besten Künstler aus allen Landesteilen anreisen. Der festlich beleuchtete Saal der Musik-Akademie ist dann erfüllt vom Raga, dem Melodieschema, und Tala, der repetativen Rhythmik, die Sänger oder Sängerin, sowie begleitenden Instrumenten wie Sitar, Tamburin, Tontopftrommel, manchmal auch Geige oder Mandoline, Raum für Improvisationen lassen. Im westlichen Ohr mag die klassische indische Musik etwas befremdend klingen – oder zumindest ungewohnter als indische Schlager, die Elemente aus Klassik und Moderne zur unerläßlichen Untermalung der Kinofilme mischen.

Am Golden Beach, südlich der Kalakshetra-Akademie, kann man des öfteren Filmteams beim Abdrehen neuer Kinostreifen beobachten, denn die Studios liegen ganz in der Nähe. Kein anderes Land der Welt produziert so viele Kinofilme wie Indien, wo die Zelluloidstreifen als »Opium des Volkes« selbst in den entlegensten Landstädtchen gezeigt werden. Allein in Madras entstehen in jedem Jahr über 300 Filme.

Obschon Satellitenfernseher und Videos den Markt allmählich verändern, lächeln die Helden der vorwiegend seichten Unterhaltungsschnulzen in Madras' Straßen wie Götterhelden von überdimensionalen Plakaten, und die klimatisierten Kinosäle füllen sich zu jeder Neuerscheinung bis auf den letzten Platz. So ist es etwas Alltägliches, wenn sich sonntags riesige Menschenmassen vor den Häusern der Filmstars einfinden, um einen Blick auf ihre Idole werfen zu können.

Daß sich Popularität und Image für politische Karrieren nutzen lassen, haben die indischen Kinostars lange vor der Reagan-Ära erkannt: M. G. Ramachandran gründete 1967 gar eine eigene Partei, um das Amt des Premierministers von Tamil Nadu während mehr als einer Dekade auszuüben. In zahlreichen Kinostreifen war der Star mit der viel verehrten Partnerin Jayalalitha zu sehen, und 1991 schaffte es die Schauspielerin, als erste Frau Indiens, zur Ministerpräsidentin eines Unionsstaates gewählt zu werden. Seither hat sich Nadamadum Deivam, »die Göttliche«, vor allem einen Namen in Korruptionsaffären und als Verschwenderin von öffentlichen Geldern gemacht. Dessenungeachtet wurden bei einem

Polizeiuniform nach französischem Vorbild

Kongreß der Filmpartei hundert Wagen benötigt, um alle Geschenke für die Politikerin abtransportieren zu können, denn in Indien ist der Personenkult ebenso alt und intensiv wie der Götterkult, und die Stars werden mehr noch als im westlichen Showbusineß zu übermenschlichen Wesen hochstilisiert. Inzwischen wurde Jayalalitha jedoch wieder abgewählt.

Auf dem Personenkult basiert auch der Erfolg indischer Gurus. Entsprechend schockierte Jiddu Krishnamurti seine weltweiten Anhänger, als sich der Theosoph 1929 in Madras von seiner Funktion als Weltenlehrer distanzierte.

Krishnamurtis Abkehr vom Personenkult war die Konsequenz seiner Philosophie, die sämtliche Dogmen, Religionen und Gesellschaftsnormen als einengend ablehnt. Bis zu seinem Tod 1986 hielt Krishnamurti weltweit vielbeachtete Vorträge über den individuellen Bewußtwerdungsprozess, der durch keinen vorgegebenen Pfad, sondern allein durch Eigenverantwortung, Selbstentdeckung und Intuition zum Seelenfrieden führt.

Konkrete Anleitungen zur Befreiung von menschlichem Leid entwickelte hinge-

Sadhus heißen die Bettelmönche in Indien

Rund 250 Jahre herrschten die Franzosen in ihrer Kolonie Pondicherry. Von dieser Zeit ist allerdings kaum noch etwas zu spüren. In die Schlagzeilen der Medien kam das Städtchen durch Auroville, eine »Stadt der Zukunft«, in der man neue, friedliche Formen des Zusammenlebens erprobt. Immer wieder gibt es Probleme, aber der Bau am futuristischen Mantri Mandir, dem spirituellen Zentrum, geht weiter.

Chidambaram: Tor des Parvati-Tempels aus dem 17. Jahrhundert

Gandhi-Denkmal an der Esplanade Goubert Salai in der Ville Blanche von Pondicherry

Nataraja-Tempel in Chidambaram: Shiva zerstörte und erschuf die Welt im kosmischen Tanz

gen Aurobindo Gosh in der Technik des Integralen Yogas, nachdem der charismatische Unabhängigkeitskämpfer in Kalkutta inhaftiert und 1910 in Tamil Nadus französische Enklave Pondicherry geflüchtet war. In seiner Zeitschrift »Arya« veröffentlichte der in Cambridge ausgebildete Philosoph seine Erfahrungen aus der konzentrierten Suche nach dem Wesen des Seins.
Seine Überzeugung, der Mensch werde in der Evolution ein neues Bewußtsein entwickeln, das sich vom alten, wie heute das tierische vom menschlichen, unterscheide, faszinierte die in Paris aufge-

Auroville: spirituelles Zentrum Matri Mandir

wachsene Mirra Alfassa – »The Mother« – dermaßen, daß sie nach Pondicherry reiste und nach und nach die Vision einer Stadt für diesen neuen Menschentypus konkretisierte. Mit der Unterstützung zahlreicher Regierungen und Organisationen wurde im Ödland außerhalb von Pondicherry 1968 der Grundstein für Auroville gelegt. Bei der Eröffnungszeremonie waren Indiens Ministerpräsident und Repräsentanten aus 121 Staaten dabei. Bis zu 50 000 Menschen sollten hier, unabhängig von Staatszugehörigkeit, Kultur und Religion, auf der Basis der Selbstversorgung neue Formen des Zusammenlebens erproben.
Knapp tausend Menschen aus aller Herren Länder leben heute in den weit verstreuten, kleinen Siedlungen von Auroville. Die Einöde hat sich in fruchtbares Land gewandelt; Schulen, Werkstätten und Betriebe sind entstanden. Und seit ein paar Jahren lädt der lang ersehnte

Meditationsraum im raumschiffähnlichen Versammlungsgebäude Matri Mandir, der »Seele Aurovilles«, zu gemeinschaftlicher Stille.

Dennoch ist Auroville keine Oase. Nach dem Tod der »Mutter«, der großen Integrationsfigur, kämpften Bewohner und die Sri-Aurobindo-Society um die Macht im Ashram. Zweimal mußte sogar die indische Polizei ausrücken. Die Gesellschaft stoppte alle Projekte und hielt dringend benötigte Gelder zurück. Erst als den Einwohnern Hunger drohte und die Botschafter Frankreichs, Deutschlands und der USA interveniert hatten, fand man einen Kompromiß. Jetzt wird Auroville von einem Rat verwaltet, der aus Mitgliedern der verschiedenen Interessengruppen besteht.

Pondicherry: Frankreichs Erbe in Südindien

Der ursprüngliche Ashram, die spirituelle Lehrstätte, von Sri Aurobindo und The Mother liegt mitten in Pondicherrys Ville Blanche, der schachbrettförmig angelegten »weißen Stadt«, die einst das Wohnviertel der Franzosen war und sich seit der Unabhängigkeit 1954 kaum verändert hat: Verkehrspolizisten tragen französisch inspirierte Uniformen, die Fassaden weiß getünchter Kolonialstilhäuser leuchten zwischen Parkanlagen und wenig befahrenen Straßen; Jeanne d'Arc ist ein Denkmal gewidmet. An der prachtvollen Esplanade mußte immerhin die Statue des Marquis Dupleix, der 1674 das Fischerdorf für die Franzosen in Besitz genommen hatte, einem mächtigen Standbild Gandhis weichen.

Mohandas Karamchand Gandhi, auch Mahatma, die »Große Seele«, genannt, kam 1914 als Rechtsanwalt aus Südafrika in seine Heimat und forcierte den gewaltlosen Kampf für die Unabhängigkeit, bis sie nach dem Zweiten Weltkrieg 1947 unausweichlich war. Ein Jahr darauf wurde Mahatma von einem fanatischen Hindu erschossen und die Asche am Cape Comorin dem Ozean übergeben.

An dieser Südspitze Tamil Nadus, dort wo der Indische Ozean, der Golf von Bengalen und das Arabische Meer zusammenfließen, erinnert eine Gedenkinsel auch an Vivekananda, jenen Philosophen, der vor hundert Jahren das indische Gedankengut und die Techniken des Yoga erstmals einem breiten Publikum zugänglich machte.

Der Inseltempel vor der Südspitze Indiens gedenkt des Philosophen Vivekananda

Keine Sehenswürdigkeit ohne Souvenirverkäufer

Cape Comorin: Mahatma-Gandhi-Memorial

Vor dem Ranjakumai-Tempel am Cape Comorin

REISE-INFO
TAMIL NADU KÜSTE

Madras

Karte: Seite 112/113, Planquadrat D 6.
Anreise: Internationale Flugverbindungen bestehen u. a. von Frankfurt, Colombo, Singapur und Kuala Lumpur. Innerhalb Südindiens ist die Hauptstadt Tamil Nadus mit allen wichtigen Flughäfen verbunden und dient als Verkehrsknotenpunkt für Bus und Bahn.
Unterkunft: Traditionsreich und beliebt ist das zentrale Luxushotel »Connemara« (Binny Rd., Tel. 044/8 52 01 23). Nicht zu teuer ist das »Ambassador Pallava« (Montieth Rd. 53, Tel. 8 55 44 76; mit Fitneßzentrum). Preiswerte Mittelklassezimmer bieten die Hotels »New Woodlands« (Mylapore, Tel. 8 27 31 11) und »Kanchi« (Commander-in-Chief-Rd. 28, Telefon 8 27 11 00). Das ruhig gelegene Hotel »Atlantic« ist ordentlich und günstig (Montieth Rd. 2, Tel. 8 55 39 14). Einfacher, aber stimmungsvoll, ist das alte Kaufmannshaus »Broad Lands« (Vallabha Agraharam St. 16, Tel. 84 55 73).
Sehenswürdigkeiten: Die East India Company baute 1654 das Fort St. George zum ersten indischen Handelsposten aus; das Museum in der früheren Offiziersmesse dokumentiert die Geschichte (Sa–Do 10–17 Uhr); Tamil Nadus Regierung nutzt das Governor's House und die Assembly Hall; die älteste anglikanische Kirche, St. Mary's (1670–80), liegt ebenfalls innerhalb des Forts. Umfangreich ist die Ausstellung im State Government Museum, wo u. a. Buddhaskulpturen aus Andhra Pradesh, Bronzefiguren der Chola-Periode sowie weitere Ausstellungsstücke aus vielen anderen wichtigen Epochen Südindiens zu sehen sind (Pantheon Rd., Sa–Do 9–17 Uhr). Ein Spaziergang entlang der populären Flaniermeile Marina Beach wirkt erfrischend. Im südlichen Stadtteil Adyar hütet der Hauptsitz der 1875 gegründeten Theosophischen Gesellschaft eine umfangreiche Bibliothek zu Themen der Philosophie und Religion (Mo–Fr 9 bis 10, 14–16 Uhr); im Garten der internationalen Organisation beeindruckt ein riesiger Banyanbaum. Madras hat auch ein Planetarium (Shows auf Englisch um 10.45, 13.15 und 15.45 Uhr) und einen Snake Park mit einheimischen Schlangen (Guindy Park, tgl. 9–17 Uhr). Das Fremdenverkehrsbüro organisiert halb- und ganztägige Citytouren.
Ausgehen: Das geschmackvoll elegant eingerichtete Restaurant »Annalakshmi« lockt zum Mittag- und Abendessen mit einem vegetarischen Buffet (Anna Salai 804). Populär sind auch Frühstücks- und Mittagsbuffet in der »Veranda« des Hotels »Connemara« (Binny's Rd.). Im markanten Tarapore Tower serviert das Restaurant »Mathura« verschiedene Thalis und Eiscreme-Nachspeisen (Mount Rd.). Das Nachtleben beschränkt sich auf die Bars der Luxushotels. Die Tageszeitung »The Hindu« veröffentlicht das aktuelle Kulturprogramm, wobei das traditionelle Musikfestival (15. Dezember bis 15. Januar) zu den Höhepunkten zählt.
Einkaufen: Eine der wichtigsten Einkaufsstraßen ist die Mount Rd. (Anna Salai), u. a. bieten die Geschäfte im Shopping-Center »Spencer's« qualitativ gutes Kunsthandwerk an. Die berühmte Seide aus Kanchipuram ist in renommierten Geschäften wie »Nalli« und »Sri Kumaran« erhältlich (Nagaswaran Rd.).
Ausflüge: Im südlichen Vorort Tiruvanmiyur unterrichtet die Kalakshetra-Akademie rund 300 Schüler in der Kunst des klassischen südindischen Tanzes; Besucher können dem Unterricht zuschauen (10–12 Uhr Tanz und Musik, 15–17 Uhr Sanskrit, Yoga, Malen etc.). 20 km südlich von Madras entstand 1966 die Künstlerkommune Cholamandalam Artist's Village; heute zählen die Mitglieder zur indischen Künstler-Elite (Galerie: tgl. 10–17 Uhr). Wenige Kilometer weiter südlich liegt am Golf von Bengalen das neueröffnete Museumsdorf Dakshinachitra (mit Kunstgewerbeladen).
Information: Anna Salai 19 (Mount Rd.), Tel. 8 52 42 95.

Madras: Governor's House im Fort St. George

Kanchipuram

Karte: Seite 112/113, Planquadrat E 6.
Anreise: Von Madras (75 km) und Mahabalipuram (65 km) fahren regelmäßig Busse.
Unterkunft: Ein modernes Mittelklassehotel ist das »Baboo Soorya« mit klimatisierten Zimmern (East Raja Veethi 85, Tel. 0 41 12/2 25 55). Angenehm ist auch das staatliche Hotel »Tamil Nadu« (Railway Rd., Tel. 2 34 28).
Sehenswürdigkeiten: Wo immer man hinblickt, ragen Tempeltürme gen Himmel, denn die Hauptstadt aus der Pallava-Epoche (4–9. Jh.) zählt zu den sieben heiligen Tempelstädten Indiens. Einige Heiligtümer, wie der große Ekambareswara-Tempel (1509) oder der Vaikuntha-Perugmal-Tempel (674–800), werden von Pilgern besucht, andere Tempel sind heute nur noch architektonische Monumente (z. B. der Kailasanatha-Tempel aus dem 7. Jahrhundert oder der riesige Devarajaswami-Tempel aus der Vijayanagar-Epoche).
Zuschauen, wie die kostbaren Kanchipuram-Saris von Hand gewoben werden, kann man beim »Weavers Service Centre« (Railway Rd., Mo–Fr 10–17 Uhr).
Ausgehen: Die erwähnten Hotels verfügen über ein Restaurant. Im Stadtzentrum, um den Busterminal, gibt es zahlreiche Lokale mit vegetarischer Küche.

Mahabalipuram

Karte: Seite 112/113, Planquadrat E 6.
Anreise: Von Madras (60 km) gibt es laufend Busverbindungen. Man kann auch direkt von Kanchipuram anreisen.
Unterkunft: Zwischen Madras und Mahabalipuram führt die Taj-Gruppe das luxuriöse Beach Resort »Fisherman's Cove« (Kovelong, Tel. 0 41 28/23 04). Etwas außerhalb des Dorfes, ebenfalls am Strand, gibt es das gediegene »Temple Bay Ashok Beach Resort« (Tel. 0 41 13/22 51) und das preiswerte Hotel »Tamil Nadu Beach Resort« (Tel. 22 35). Im Dorf selbst hat das neuere Hotel »Veeras« einfache, angenehme Zimmer (Main Rd., Tel. 22 88).
Sehenswürdigkeiten: In Mahabalipuram vollzogen die Pallava-Architekten den Wandel von Höhlentempeln zu freistehenden Sakralbauten. Am Berghang sind mehrere Kulthöhlen (Mandapas) erhalten. Die fünf Ratha Rathams, eine Art historische Modelltempel-Sammlung,

In Mahabalipuram kann man Kunst- und Badeurlaub auf ideale Weise miteinander verbinden

wurden in Form von Tempelwagen aus dem Fels gehauen. Das Wandrelief von der »Herabkunft der Ganga« (32 m lang, 14 m hoch) und der stark erodierte Küstentempel (reicher Skulpturenschmuck) entstanden im 7. Jh.; schöner Sandstrand.
Ausgehen: Spezialität in Mahabalipuram sind frische Meeresfrüchte. Blick aufs Meer und den (nachts beleuchteten) Küstentempel bietet die Terrasse des Restaurants »Sea Shore«. Beliebt ist das benachbarte »Tina Blue View«. Im Dorf ist »Moonrakers« (Othavadai St.) ein Travellertreffpunkt, französisch essen kann man im »La vie en rose« (East Raja St.).
Information: East Raja St., Tel. 22 32.

Pondicherry

Karte: Seite 112/113, Planquadrat E 6.
Anreise: Von Madras (160 km) fahren stündlich Busse, Direktverbindungen bestehen auch täglich von Kanyakumari und Städten wie Madurai (340 km) oder Bangalore (300 km).
Unterkunft: Der Sri-Aurobindo-Ashram führt zwei Gasthäuser an der Goubert Salai: Das »Park Guest House« hat freundliche Zimmer mit Balkon (Tel. 04 13/ 3 44 12); das »Seaside Guest House« ist eine alte Villa am Meer (Tel. 2 69 49). Ein ordentliches, typisch indisches Hotel ist das »Ram International« (West Bd. 212, Tel. 3 72 30). In Auroville gibt es zahlreiche private Gasthäuser, die das Informationsbüro vermittelt.
Sehenswürdigkeiten: Die Ville Blanche, das frühere Wohnviertel der Franzosen, lockt mit schönen alten Häusern, Parkanlagen und einer Esplanade am Meer zu Spaziergängen. Sri Aurobindos und Mirra Alfassas Grabstätten im Ashram werden täglich von Anhängern besucht (Rue de la Marine, 8–12, 14–18 Uhr).
Ausgehen: »Le Café« serviert an der Esplanade schmackhafte kleine Mahlzeiten (Goubert Salai). Kontinentale Atmosphäre und ebensolche Gerichte bietet das Restaurant »Rendez-vous« (Rue Suffren 30). Chinesisches serviert das einfache Lokal »Blue Dragon« (Rue Dumas). Einen Garten und indische Küche hat das Restaurant »Menaka« (Rangapillai St.).
Einkaufen: Der Sri-Aurobindo-Ashram betreibt verschiedene Betriebe, die qualitativ hochwertiges Kunsthandwerk, Briefpapier, auch Lederwaren und Kleider in verschiedenen Boutiquen verkaufen. Hauptmeile und Einkaufszentrum im indischen Stadtteil ist die J. Nehru St..
Ausflüge: Das Fremdenverkehrsamt organisiert Bootsfahrten auf dem 8 km entfernten Chunnambar-Fluß. Hauptanziehungspunkt ist jedoch Auroville (10 km), die 1968 gegründete »Siedlung für internationales Zusammenleben«. Es gibt ein Besucherzentrum mit Informationsbüro, Cafeteria und Boutique. Das kugelförmige Meditations- und Versammlungsgebäude Matri Mandir ist tgl. 16–17 Uhr für Besichtigungen und 17–18 Uhr zur Meditation geöffnet.
Chidambaram (65 km südlich) zählt mit seinem mächtigen Nataraja-Tempel aus der Chola-Epoche zu den wichtigsten Pilgerorten für Shiva-Anhänger.
Information: Goubert Salai 19, Tel. 3 45 75.

Kanchipuram: Türme des Ekambareswara-Tempels

Cape Comorin

Karte: Seite 112/113, Planquadrat G 5.
Anreise: Von Trivandrum (in Kerala, 90 km) gibt es laufend Busverbindungen. Direktbusse fahren auch von Städten wie Madurai (230 km) oder Madras (700 km). Bahnverbindungen bestehen von Madurai, Coimbatore, Trivandrum.
Unterkunft: Balkon mit Blick aufs Meer haben die angenehmen Zimmer im »Manickam Tourist Home« (Tel. 0 46 53/ 7 13 87). Hingegen bietet das staatliche Hotel »Tamil Nadu« Blick aufs Gandhi-Memorial (Tel. 7 12 57).
Sehenswürdigkeiten: Wo das Gandhi Memorial steht, wurde seine Asche 1948 im Meer beigesetzt. Über der Küste ist der Kumari-Amman-Tempel der jungfräulichen Göttin Parasakthi geweiht (tgl. 4.30 bis 12 und 16.30–21 Uhr). Vom Pier fahren halbstündlich (7–11, 14–17 Uhr) Boote zur vorgelagerten Gedenkinsel für den Philosophen Vivekananda.
Ausgehen: Oben genannte Hotels verfügen über ein Restaurant. Am Ortsrand pflegt das Restaurant »Sangam« eine vielseitige indische Küche (Hauptstraße Trivandrum). Beim Tempel wird das vegetarische Restaurant »Saravana« geschätzt.

Beim Kulturfestival in Madras im Dezember treten viele wichtige indische Künstler auf

Bettelpilger

Futuristische Architektur in Auroville

Ein Pilger bei der Lektüre in Chidambaram

Tamil Nadu zählt zu jenen indischen Regionen, aus denen während der Kolonialzeit besonders viele Menschen in andere britische Kolonien auswanderten. Denn die Briten schätzten die Tamilen als zuverlässige, genügsame Plantagenarbeiter. Auf der benachbarten Insel Sri Lanka hat das Zusammenleben von Tamilen und Einheimischen zu Problemen geführt, die noch immer auf eine Lösung warten.

Im 7. Jh. erbauter Tempel in Mahabalipuram

TAMIL NADU: BERGLAND

Das Land des Tees

Das Bergland Tamil Nadus ist eines der wichtigsten Teeanbaugebiete Indiens (Fotos: Teeplantage bei Coonoor). Hitzegeplagte Kolonialherren legten dort ihre Hill Stations wie Ooty und Kodaikanal an. Mitten durch die Berglandschaft schnauft seit über hundert Jahren der Nilgiris-Expreß, eine der originellsten Schmalspurbahnen Asiens.

Arbeitselefant im Mudumalai-Nationalpark

Altes Ortszentrum im Höhenkurort Ooty

Im frühen 19. Jahrhundert entdeckten die Briten die Nilgirisberge als Sommersitz für ihre Kolonialbeamten. Bis dahin hatte der ursprünglich ansässige Volksstamm der Todas in relativer Abgeschiedenheit um Udagamandalam gelebt. Heute ist der Hauptort besser bekannt unter dem Kurznamen Ooty, und die indische High Society bevölkert den Ort, wenn die Hitze im Tiefland unerträglich wird. Während der Monsunmonate fallen die Temperaturen in den Nilgirisbergen allerdings bis auf den Gefrierpunkt.

Der Botanische Garten von Ooty entstand 1847 (unten)

Traditionelles Toda-Haus beim Botanischen Garten in Ooty (unten)

Für den Gemüseanbau terrassierte Felder

Nebelschwaden umhüllen das Dickicht, bis die Morgensonne durch die Baumkronen dringt und den Dunstschleier über dem Mudumalai-Reservat vertreibt. Auf den Ästen schnattern Languren-Affen, Hirten-Stare und Drongos zwitschern lautstark dazwischen, Insekten zirpen. Streifenhörnchen jagen einander den Baumstamm hoch und wieder runter, während ein Pfau bedächtig seine Federn zum Rad öffnet. Elefanten werden gesattelt, um Touristen tiefer in die Wälder am Fuß der Nilgirisberge zu führen.

Das Mudumalai-Naturschutzgebiet war einst, zusammen mit dem Bandipur-Reservat in Karnataka und dem Wynad-Nationalpark in Kerala, Teil eines riesigen, zusammenhängenden Ökosystems. Heute zählen die geschützten Waldflächen am Dreiländereck zu den wenigen kostbaren Regionen, in denen sich Südindiens Natur noch entfalten kann. Auf dem Elefantenrücken durch das Gehölz schwankend, hat man gute Chancen, dem Gaur, dem mächtigen, dunkelhäutigen indischen Bison, zu begegnen.

Schonzeit für den König: »Projekt Tiger«

Auf offenen Grasflächen leuchten die weißen Flecken aus dem rotbraunen Fell der Chittal-Rehe. Nur mit viel Glück sind die größeren Sambar-Hirsche zu sehen; auch Ameisenfresser, Schakale, fliegende Eichhörnchen oder Mungos zeigen sich selten. Nachts »bellen« die ziegengroßen Muntjak-Hirsche durch die Dunkelheit.

Leoparden, Zibetkatzen und Wildhunde streifen noch gelegentlich durch die subtropischen Wälder Südindiens. Tiger sind jedoch sehr selten geworden. Zur Jahrhundertwende lebten noch 40 000 dieser Großkatzen in Indien. Inzwischen ist der Bestand auf höchstens 4400 Tiere gesunken – aus dem Jäger wurde ein Gejagter: Wilderer stellen ihm nach, Menschen dringen auf der Suche nach Feuerholz, Siedlungsflächen und Futterplätzen für ihr Vieh in die Reservate ein. Der Landhunger der Menschen nimmt den Tigern ihren Lebensraum. In den letzten 25 Jahren ist Indiens Bevölkerung um 50 Prozent gewachsen.

Zur Rettung der gefürchteten, aber auch verehrten Tiere hat die indische Regierung 1973 zusammen mit dem World Wildlife Found (WWF) das »Project Tiger« ins Leben gerufen. 19 Tigerreservate wie das Mundanthurai Tiger Sanctuary im Süden Tamil Nadus an der Grenze zu Kerala wurden festgelegt sowie Wissenschaftler und Wildhüter eingestellt. Seit wenigen Jahren gehört zu dem Projekt auch ein Entwicklungsprogramm, das den Druck der Bevölkerung auf die Tiger-Refugien vermindern soll. Erste Erfolge zeichnen sich ab: Die Zahl der Großkatzen nimmt nicht mehr ab.

Langsam windet sich der Bus über zahlreiche Haarnadelkurven hinauf nach Ooty; immer wilder wirkt die Berglandschaft, die intensiv nach Eukalyptus duftet.

Toda-Frau mit typischen Locken

Der gewaltige Gebirgsstock der Nilgiri Hills erhebt sich am Schnittpunkt von West- und Ost-Ghats zum Dodabetta-Gipfel auf 2637 Meter. Dieser höchste Berg Südindiens wurde als Wohnsitz der Götter von den Menschen des Flachlandes gemieden, bis der britische Botaniker John Sullivan 1819 auf der Suche nach seltenen Pflanzen die Nilgiris hoch stieg. Das milde, mitunter gar kalte Gebirgsklima lockte alsdann die hitzegeplagten Kolonialbeamten und ihre Familien zur Erholung; das Dorf Ooty entwickelte sich zur Hill Station und zum Treffpunkt der Reichen und Mächtigen.

In Ooty bringen Pferdekutscher und Rikscha-Fahrer die Neuankömmlinge zu den Hotels auf den umliegenden Hügeln. Die meisten Häuser im Ortskern um Charing Cross sind charakterlose Neubauten, was dem traditionsreichen Kurort das Erscheinungsbild einer durchschnittlichen Kleinstadt gibt. Dafür entschädigt jedoch die Umgebung: Kühe

In Indien üblich: Schwerstarbeit für Frauen

Bei klarem Wetter ist der Green Valley View in den Palani Hills atemberaubend

Silbereichen schützen die Teeplantagen in den Nilgirisbergen vor Sonne und Regen

Seit 1899 verkehrt zwischen Mettupalaiyam und Ooty der dampfbetriebene Nilgiris-Expreß

Hill Station Kodaikanal

Der Schweizer Nikolaus Riggenbach reiste 1880 nach Südindien, um den Bau einer Eisenbahn von Mettupalaiyam nach Ooty zu planen. Vorher hatte der Ingenieur Europas erste Zahnradbahn von Vitznau auf die Rigi erbaut. Riggenbach starb 1899, in jenem Jahr, in dem der Nilgiris-Expreß seine Jungfernfahrt hatte. Nach wie vor schiebt die Dampflok ihre Wagen mit maximal 13 Stundenkilometern über zahlreiche Haarnadelkurven in rund vier Stunden 1900 Höhenmeter und 46 Kilometer bergan. Von Ooty fahren Busse weiter Richtung Norden zu den Nationalparks Mudumalal und Bandipur. Dort leben große Herden von Elefanten und einige Tiger.

weiden auf saftigen Wiesen, Rhododendren blühen am Weg, Nadelbäume säumen den Ooty-See, auf dem Touristen rudern oder fischen. Am Ufer kann man Pferde mieten und zu den umliegenden Gipfeln Snowdown Peak, Fern Hill oder Elk Hill reiten. Vom Dodabetta-Gipfel reicht der Ausblick an klaren Tagen bis in die Ebenen von Mysore.

Den Talkessel um Ooty umrahmen Gemüseterrassen voller Blumenkohl, Tomaten und Kartoffeln. Straßenhändler verkaufen Honig und Eukalyptusöl, in der Saison auch Erdbeeren und frische Pilze. Am Abend sitzen Touristen aus Europa und der indischen High-Society in den verbliebenen Kolonial-Residenzen ums Kaminfeuer; tagsüber spielen sie Golf, wetten auf der Pferderennbahn, veranstalten Fuchsjagden, besuchen Schönheitswettbewerbe für Hunde und Blumenschauen im berühmten Botanischen Garten.

Ooty: Hill Station und Heimat der Todas

Oberhalb der Gewächshäuser, der Lilienteiche, Orchideen und adrett geordneten Blumenbeete des Botanischen Gartens steht ein traditionelles Toda-Haus – tonnenförmig, vorwiegend aus einem bis zum Boden gezogenen Reetdach bestehend. Halbrunde Holzwände schließen die Seiten zu einem einzigen Raum, in den nur ein winziger Durchgang Licht und Luft einläßt. Als Ooty noch Udagamandalam hieß, lebten hier abseits der Zivilisation die Todas, eine eigenständige dörfliche Kultur, die auf Milchwirtschaft und Tauschhandel basierte. Wie die vier kleineren Nilgiris-Stämme der Kotas, Kurumbas, Panias und Irulas zählen die großgewachsenen Bergmenschen der Todas statistisch zu den landesweit rund 50 Millionen Adivasi, den ersten Siedlern, die vor rund 3000 Jahren von hellhäutigen Ariern aus dem nordindischen Tal des Indus nach Süden verdrängt wurden. Die Todas bewahrten den animistischen Glauben an die Geister und die Beseeltheit der Natur; das Melken ihrer Kühe ist rituelle Aufgabe der Poojari-Priester, und als Erbe des ursprünglich in Indien verbreiteten Fruchtbarkeitskultes haben Frauen traditionell das Recht, mehrere Männer zu heiraten oder sich scheiden zu lassen. Allerdings leben immer weniger der stolz wirkenden Frauen im Stil ihrer Großmütter. Und es gibt auch nur noch wenige Todas: Viele starben zu Beginn des 20. Jahrhunderts durch eingeschleppte Krankheiten. Entsprechend selten sieht man sie noch in traditionelle handgewobene weiße Togas gehüllt und das Haar zu langen, gezwirnten Locken gedreht durch Ootys Marktgassen schlendern.

Landwirtschaft haben die Todas selbst nie betrieben; die ihnen untergeordneten Stämme versorgten sie einst mit allem Lebensnotwendigen. Auch das ist inzwischen vorbei. Viele verdienen sich ihren Lebensunterhalt in den Tee-Kooperativen um Coonoor, etwas unterhalb Ootys, wo sich Teesträucher spiralförmig über die Hügel ausdehnen. Silbereichen schützen die wertvollen Pflanzen vor Sonne und den sintflutartigen Monsunregen. Jeden Tag gehen die Pflückerinnen hier auf die Plantagen – anders als im Norden, wo nur zehn Monate geerntet werden kann. Tamil Nadu gehört neben den Staaten Assam, West-Bengalen und Kerala zu den wichtigsten Teeproduzenten des Landes. 750 Millionen Kilogramm ernten die zumeist sehr schlecht bezahlten Pflückerinnen jährlich – damit ist Indien noch vor China und Sri Lanka der bedeutendste Teeproduzent der Welt.

Heizer in der kleinen Lok des Nilgiris-Expreß

Die älteste Kooperative der Nilgiris wurde 1858 gegründet – 20 Jahre nachdem Major Robert Bruce mit einer ersten Schiffsladung Tee aus dem nordindischen Assam dem chinesischen Weltmonopol ein Ende gesetzt hatte – und 20 Jahre bevor der Schweizer Bergbahnpionier Nikolaus Riggenbach in die Nilgiris reiste, um zwischen Ooty und Mettupalaiyam eine kühne Trasse für eine Schmalspurbahn anzulegen. Seit der Jungfernfahrt wurde der Nilgiris-Expreß kaum modernisiert, und heute zählt die Bahnstrecke zu den originellsten in Asien.

Zischend und stöhnend rollt der Dampfzug pünktlich aus dem Bahnhof von Ooty. In der Lokomotive, die den Zug im Schrittempo voranschiebt, schaufelt ein Heizer Kohle in den Kessel, und nach jeder der 208 Haarnadelkurven offenbaren sich neue, faszinierende Ausblicke auf grüne Teeplantagen, Täler und Dörfer. Beängstigend tiefe Waldschluchten klaffen unter den 250 Brücken am Weg; durch 16 Tunnel führt die Fahrt. Rußpartikel wirbeln durchs Abteil. An den Bahnhöfen tankt die Dampflokomotive Wasser, die Touristen erfrischen sich an den Kiosken und warten schließlich in Mettupalaiyam auf den Eisenbahn-Anschluß in

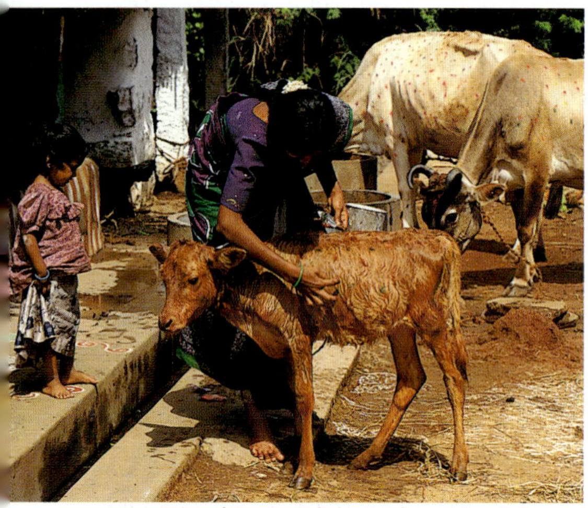

Zum Pongal-Fest wird das Vieh geschmückt

die nächste größere Stadt Coimbatore. Zwischen der Baumwollmetropole und der südlich gelegenen Tempelstadt Madurai erheben sich die Palani-Berge bis auf 2500 Meter. Auch hier entstand im 19. Jahrhundert im kühlen Gebirgsklima zwischen Obstbäumen und Kaffeesträuchern ein Erholungsgebiet für die Briten. Touristisches Zentrum der Region ist das von amerikanischen Missionaren um 1840 gegründete Kodaikanal – eine der schönsten Hill Stations in Südindien. Mitten in der Stadt mit ihren zahlreichen Kirchen liegt ein künstlich angelegter See, den eine fünf Kilometer lange Promenade umgibt.

Und weiter führt die Autofahrt Richtung Osten vorbei an dichtbewaldeten Hängen, aus denen Felsen ragen, Wasserfällen und Schluchten. Mit jedem Kilometer, den sich der Verkehr tiefer ins Tal windet, weicht die kühle Gebirgsluft der feuchten tropischen Hitze, bis Düfte, Farben und Klänge in der drückenden Schwüle Madurais wie Wachs miteinander verschmelzen.

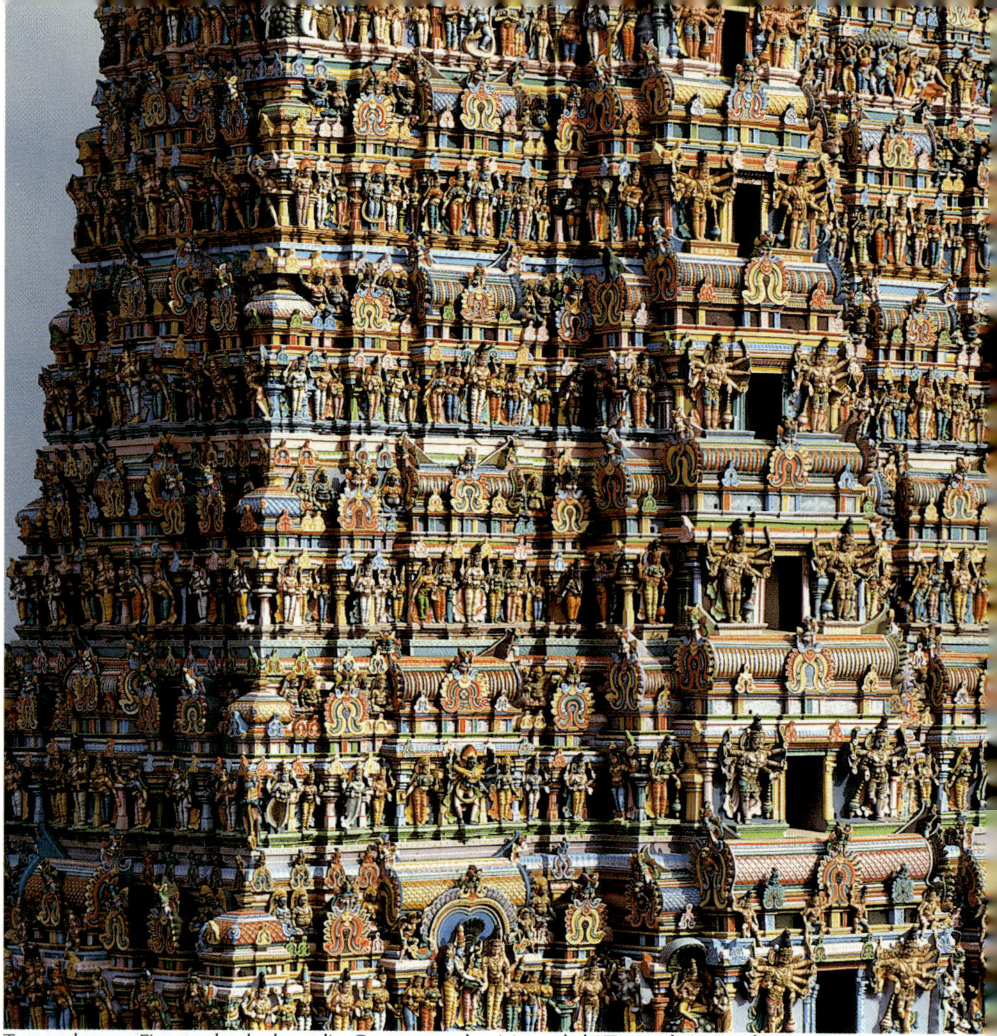

Tausende von Figuren bedecken die Gopurams des Meenakshi-Tempels in Madurai

Zwölf Meter hohe Granitsäulen tragen das Kuppeldach des Tirumallai-Nayak-Palastes

Prächtiger Arkadengang im Meenakshi-Tempel

In der 1,2-Millionen-Einwohner-Metropole pulsiert das Leben, besonders im alten Stadtkern südlich des Vaigai-Flusses. Madurai ist voll von Bettlern, Pilgern und Geschäftsleuten, Läden, Märkten, kleinen Fabriken, Handwerksbetrieben, Billighotels, Restaurants und Tempeln. Ochsenkarren klappern durch die Stadt, überall finden sich Scharen von unterbeschäftigten Riksha-Fahrern, die in der Hitze dösend auf Kundschaft warten. Schon vor zwei Jahrtausenden war diese Stadt mächtig und berühmt. Sie handelte mit Rom, Athen und China. Um das Jahr 300 v. Chr. entstand in Madurai die erste Dichterakademie.
Beherrscht wird die Metropole wie seit Jahrhunderten vom riesigen Meenakshi-Tempel mit seinen zahlreichen Tortürmen, Schreinen, Hallen und Kolonnaden. Mehrere Millionen ineinander verschlungene, mit grellen Farben überzeichnete Figuren – Helden, Dämonen, Zwerge, Riesen, himmlische Wesen – zieren die Gopurams, die typisch südindischen Tortürme, und machen sie zu wahren »Götterbergen«.

Madurai – durch Basarstraßen zum riesigen Tempel

Der schönste Weg zu dem während der Herrschaft Tirumallai Nayaks im 17. Jahrhundert entstandenen Heiligtum, das täglich von bis zu 10 000 Pilgern aus ganz Indien besucht wird, führt durch den Irrgarten der Basarstraßen vorbei an surrenden Nähmaschinen, Süßigkeiten, Räucherwerk und Opfergaben und die kunstvoll ausgearbeitete Tirumala-Choultry-Halle auf den 48 Meter hohen Raja Gopuram zu; farbenfrohe Gestalten aus der indischen Mythologie türmen sich auf den neun Etagen des mächtigen Eingangsportals.
Dahinter schmückt eine Sandelholzdiele die Hochzeitshalle, in der sich Prinzessin Meenakshi jedes Jahr im April oder Mai zum pompösen Chitrai-Festival erneut mit Shiva in Gestalt von Lord Sundareswar vermählt. Das göttliche Paar empfängt tagsüber, zwischen stimmungsvollen Säulenhallen, imposanten Skulpturenreihen und Tempelbauten, die Pilger in zwei separaten Sanktuarien. Nach Feierabend betten Priester die beiden jedoch in Meenakshis Gemach zur Nachtruhe. Dann liegt für wenige Stunden bis zum frühen Morgen Stille über dieser uralten Hochburg tamilischer Kultur.

Madurai ist ein beliebter Hochzeitsort

Opfergaben (unten)

Vor mehr als 2000 Jahren war Madurai die Kapitale der Pandya-Herrscher. Damals soll sich die Pandya-Prinzessin Meenakshi mit Shiva, der als Sri Sundareswar auftrat, vermählt haben. Jedes Jahr im April oder Mai feiern 100 000 Gläubige erneut die göttliche Hochzeit.

REISE-INFO
TAMIL NADU BERGLAND

Madurai

Karte: Seite 112/113, Planquadrat F 5.
Anreise: Flugverbindungen bestehen von Madras, Bangalore und Tiruchchirappalli, direkte Bus- und Bahnverbindungen von zahlreichen Orten wie Madras (470 km) und Bangalore (445 km).
Unterkunft: Fünf-Sterne-Luxus bietet 4 km außerhalb der Stadt das schöne »Taj Garden Retrait« (Pasumalai Hill, Tel. 04 52/88 56). Im Stadtzentrum hat das moderne Mittelklassehotel »Supreme« zum Teil Zimmer mit Blick auf den Meenakshi-Tempel (West Perumal Maistry St. 110, Tel. 3 63 31). Zentral und ruhig liegt das einfache »Aarathy« (Perumalkovil West Mada St. 9, Tel. 3 15 71).
Sehenswürdigkeiten: Die Atmosphäre in und um den mächtigen Meenakshi-Tempel begeistert ebenso wie seine kunstvolle Architektur aus dem 16. Jh. Das berühmte Heiligtum ist Parvati (als Prinzessin Meenakshi) und Shiva (als Sundareswar) geweiht, deren Vermählung jeweils Ende April /Anfang Mai am Chitrai-Festival wochenlang gefeiert wird. Jeden Abend (21 Uhr) spielen Musikanten für das göttliche Liebespaar, dessen Statuen in einer Zeremonie zusammengeführt werden. Der Tempel ist tgl. 5 bis 12.30 und 16–21.30 Uhr geöffnet. Überblick verschafft der Ausblick vom 48 m hohen Südportal (tgl. 6–17.30 Uhr). Vom ehemals pompösen Tirumallai-Nayak-Palast (1626; Mahlyadampokki St.) sind Thronsaal und Tanzhalle erhalten, das Museum zeigt eine Skulpturen-Sammlung (tgl. 9–13, 14–17 Uhr). Informativ ist die englischsprachige Sound & Light-Show im Palast (tgl. 18.45 Uhr).
Ausgehen: Das klimatisierte Restaurant »Mahal« ist ein beliebter Treffpunkt. Am Abend kann man im Garten des Restaurants »Ruby« gut essen (West Perumal Maistry St. 94). Auf der »Surya Roof Top«-Dachterrasse begeistert der Ausblick auf den beleuchteten Meenakshi-Tempel (West Perumal Maistry St. 110). An Wochenenden lohnt das Buffet des »Taj Garden Restaurant« in Pasumalai Hill.
Ausflüge: Kühle Gebirgsluft lockt auf die Palani-Berge nach Kodaikanal (120 km) zum Wandern, Reiten oder Golf spielen. Ideal sind die Temperaturen während der Saison März–Sept. Übernachten kann man am schönsten im Hotel »Carlton« am See (Lake Rd., Tel. 0 45 42/4 00 71).
Information: West Veli St. 180, Tel. 4 37 57.

Nilgiris-Berge

Karte: Seite 112/113, Planquadrat E 4/5.
Anreise: Zum Ausgangspunkt Coimbatore gibt es Flüge ab Madras, Bangalore und Cochin sowie Bus- und Bahnverbindungen von allen wichtigen Städten. Die eigentliche Attraktion ist der Nilgiris-Expreß, der tgl. um 6.20 Uhr in Coimbatore losfährt und die Endstation Ooty (90 km) kurz nach Mittag erreicht.
Unterkunft: In Coimbatore ist der »City Tower« ein angenehmes Mittelklassehotel (Ram Nagar, Tel. 04 22/23 06 81). In Ooty sind die Zimmer in der Hochsaison (April–Juni, Sept.–Nov.) teuer und oft ausgebucht. Stimmungsvoll wohnen kann man im restaurierten »Fernhill Palace« (Tel. 04 23/30 97) und bescheidener im »Regency Villa« (Tel. 25 55, beide Fernhill). Blick auf den Ooty-See bietet das einfache »Reflections Guest House« (North Lake Rd., Tel. 38 34).
Sehenswürdigkeiten: In Ooty (offiziell Ootacamund) ist der 1847 angelegte Botanische Garten wohl der schönste Südindiens; die Blumenschau im Mai ist berühmt; oberhalb des Gartens steht ein traditionelles Toda-Haus (tgl. 8.30–18.30 Uhr). Am Ooty-See kann man fischen, Boot fahren oder Ponys mieten.
Ausgehen: Elegant und gut dinieren kann man im Rosenholzsaal des Hotels »Savoy« (Sylks Rd. 77); nahe dem Hauptpostamt gibt es im »Zodiac Room« authentische chinesische Gerichte (Commissioner's Rd. 30). Das Restaurant »Tandoor Mahal« heizt allabendlich den Tandoori-Ofen ein (Commercial Rd.).

Ooty: Hotel »Fernhill Palace«

Ausflüge: Das Fremdenverkehrsbüro (Commercial Rd.) und die Nilgiris Trekking Association (State Bank Rd.) informieren über Wandermöglichkeiten in der Umgebung. 20 km von Ooty ist das ebenfalls an der Bahnlinie gelegene Städtchen Coonoor inmitten von Teeplantagen ebenfalls ein beliebter Ausgangspunkt für Trekkingtouren. Im Mudumalai-Reservat (65 km) kann man auf Elefanten durch das Naturschutzgebiet reiten (tgl. 7–9 und 16–18 Uhr); Voranmeldung (auch für Übernachtungen im Gasthaus) ist obligatorisch beim Wild Life Warden in Ooty (Coonoor Rd., Mo bis Sa 10–13, 14–17 Uhr).
Information: Commercial Rd., Ooty, Tel. 39 77.

Tiruchchirappalli

Karte: Seite 112/113, Planquadrat F 5.
Anreise: Es gibt mehrmals wöchentlich Flugverbindungen von Madras und Madurai. Per Bus ist Tiruchchirappalli von Madurai (140 km), Madras (330 km) und Pondicherry (210 km) zu erreichen; zudem treffen sich hier mehrere Eisenbahnlinien.
Unterkunft: Gehobene Mittelklasse bietet, etwas abseits vom Zentrum, das Hotel »Sangam« (Collector's Office Rd., Tel. 04 31/4 47 00). Nahe dem Busterminal, an der ruhigen Williams Rd., haben die beiden Mittelklassehotels »Femina« (Tel. 4 15 51) und »Ramyas« (Tel. 4 1128) angenehme Zimmer.
Sehenswürdigkeiten: Vom China Bazar in der Altstadt führen seit dem 7. Jh. Steinstufen an Felsenhöhlen und Tempelbauten vorbei auf den 83 m hohen Stadthügel Rock Fort (tgl. 6–20 Uhr). Von der Kuppe überblickt man den Cauvery-Fluß. Der Sri-Rangam-Tempel (14.–17. Jh.) auf der schmalen Flußinsel zählt zu den bedeutendsten und imposantesten Vishnu-Heiligtümern Südindiens (tgl. 6–13, 15.15–20.45 Uhr). Sehenswert ist am Flußufer auch der Shiva-Tempel Sri Jambukeswara (6–13, 16–21.30 Uhr).
Ausgehen: Um den Busterminal gibt es zahlreiche einfache Lokale.
Ausflüge: Die im 9. Jh. von den Cholas gegründete Kapitale Tanjavur (Tanjore) ist ein Zentrum der Tamil-Kultur und reich an sehenswerten Tempeln. Im 16. Jh. bauten die Nayakas Tanjavurs Altstadt aus. Es gibt Bus- und Bahnverbindungen in die 55 km entfernte Stadt.
Information: Williams Rd. 1, Tel. 4 0136.

Detail am Meenakshi-Tempel in Madurai

Seit langem ist Madurai ein vielbesuchter Pilgerort

Den Mudumalai-Nationalpark können Touristen auf Elefanten erkunden

Zum Pongal-Erntedankfest geschmückte Kuh

Tamil Nadus Hinterland bietet eine Vielfalt von Eindrücken, sei es in der lebhaften Tempelstadt Madurai, die täglich Tausende von Pilgern anlockt, in den Gebirgen, wo Tee und Gemüse im erfrischend kühlen Klima gedeihen, oder in den Wäldern des Tieflandes, wo sich Wildbüffel, Affen und Elefanten-Herden beobachten lassen.

Picknick im Botanischen Garten von Ooty

KERALA: SÜDEN

Drama im Paradies

Das im Süden von einem dichten Kanalnetz durchzogene Kerala gilt als Indiens Musterstaat: Die meisten Bürger können lesen und schreiben, krasse Armut ist nahezu unbekannt. Das paradiesisch-üppige »Land der Kokosnuß« ist die Heimat des Kathakali – eines Jahrhunderte alten und an indischen Epen orientierten spektakulären Masken-Tanz-Dramas (Foto).

Kirche unter Palmen: Die St. Joseph-Church zwischen Alleppey und Quilon ist nur eines der vielen christlichen Gotteshäuser in Kerala

Die Schlangenbootrennen von Alleppey zählen zu den aufregendsten Ereignissen in Kerala

Ruderpause an den Backwaters

Kraftvoll sticht der Bootsmann mit einem langen Bambusstab auf den Grund des Kanals und stößt die Dschunke voran. Langsam zieht eine Tropenlandschaft vorbei, die alle Nuancen der Farbe Grün bietet: hellgrün die scheinbar endlosen Palmenhaine am Ufer, blaugrün die Wasserhyazinthen, die auf dem Kanal wuchern, dunkelgrün die Bananenplantagen und Reisfelder – und dazwischen immer wieder kleine Dörfer und Häuser, Teebuden, Gemüsegärten, Kühe, Schweine, Hühner, Enten und mit Kokosfasern, Kopra und Cashew-Nüssen schwerbeladene Boote.

Es gibt keinen besseren Weg, diesen üppigen Garten Indiens zu erkunden, als in einem der Hausboote, die seit einigen Jahren hier unterwegs sind. Die meisten haben hinter dem geschwungenen Holzbug eine gemütliche Sitzgelegenheit. Unter dem gebogenen Dach aus geflochtenem Bambus sind ein oder zwei Schlafzimmer, eine Toilette und eine Küche eingerichtet. Ein perfektes Urlaubsdomizil für Fahrten durch Keralas Backwaters – ein Netz von Flußarmen, Kanälen, Lagunen und Seen, das sich beinahe über den gesamten Süden des knapp 39 000 Quadratkilometer großen Bundesstaates erstreckt.

Bis vor wenigen Jahren transportierte Thomas, der Bootsführer, allerlei Waren, Kokosnüsse oder Baumaterial. Doch als die kostspielige Generalüberholung seines in die Jahre gekommenen Kahns fällig wurde, verkaufte er sein Boot einer lokalen Reiseagentur, die es zum schwimmenden Ferienhaus umbauen ließ. Seither befördert Thomas Touristen durch diese amphibische Landschaft: Die Häuser stehen auf schmalen Deichen zwischen Kanälen und Äckern – ähnlich wie in Holland –, nur wachsen Kokospalmen auf den Dämmen und Reis auf den Feldern.

Die Niederlande haben tatsächlich mehrere Projekte in den Backwaters unterstützt, unter anderem den Bau der Mauern, welche die Kanäle von den Ufern abgrenzen. An den Stufen, die zum Wasser hinunter führen, spülen Hausfrauen Geschirr und waschen Kleider. Kinder hüpfen winkend den vorbeigleitenden Booten nach und begrüßen Thomas am Anlegesteg vor seinem Haus zwischen den Bananenstauden. Seine Frau bewirtet die Gäste mit delikat gesüßtem Milchtee und Puttu – einer Mischung aus Reismehl und Kokosnußraspeln, die in einem runden Behälter über der Pfanne zu einem Cake gedämpft und mit Bananen serviert wird.

Doch nur die wenigsten der 30 Millionen Menschen im extrem dichtbesiedelten Kerala leben vom Tourismus. Kerala bedeutet wörtlich »Land der Kokosnuß«, und für viele ist diese Palme immer noch die Lebensgrundlage. Dieser »Baum des Lebens« hat so vielfältigen Nutzen für die Menschen wie kaum ein anderer. Aus ihm gewinnen sie Nahrungsmittel, Öl, Salben, Seife, Brennstoff, Dünger, Bau-

Anlegestelle für Kanalschiffe in Kottayam

Per Boot gelangen die Waren zum Markt (unten)

Zwischen Alleppey und Quilon fahren Touristenboote (unten)

Über fast 600 Kilometer erstreckt sich das schmale Kerala entlang der Malabarküste. Im Süden durchzieht ein unübersichtliches, vielfach von Wasserhyazinthen überwuchertes Netz von Kanälen, Seen, Lagunen und Flüssen die Landschaft: die Backwaters. In fast jedem Dorf stehen ein Hindu-Tempel, eine Kirche und eine Moschee. Seit vielen Jahrhunderten existieren in diesem dichtbesiedelten Land die verschiedenen Religionen friedlich nebeneinander. Rund 60 Prozent der Bevölkerung sind Hindus, der Rest bekennt sich zu etwa zwei gleichen Teilen zu Christentum und Islam.

material für Häuser, Boote, Möbel und Gefäße, Tierfutter, Palmwein und Arrak, Löffel, Knöpfe, Teppiche, Kordeln und Vasen. Die grünen, faserigen Nußhülsen landen auf dem Grund der Kanäle, um dort so lange in Fischernetzen zu lagern, bis sich der Bindungsstoff zwischen den Fasern gelöst hat.
In den Dörfern der Backwaters zerschlagen Frauen nach der Haus- und Feldarbeit die aufgeweichten Kokosnußhülsen und legen die feinen Fasern zum Trocknen an die Sonne. Dann werden sie auf primitiven Rädern zu festen Kordeln gesponnen. In Alleppey, dem gemütlichen Küstenstädtchen im Zentrum der Backwaters, verarbeiten Handwerksbetriebe die Kordeln dann weiter: An einem riesigen, Jahrzehnte alten hölzernen Webstuhl weben fünf nebeneinander stehende Männer jeweils in zwei Arbeitstagen 30 Meter lange Teppiche in verschiedensten Mustern und Farben. Dann werden Fußmatten geknüpft, gebürstet, geschnitten, gummiert, mit »Willkommen«, »Welcome« oder »Bienvenue« beschriftet und in die ganze Welt exportiert.

In Keralas Backwaters entstehen Kokosteppiche

Immer häufiger kommt bei der Kokos-Teppich-Produktion auch Chemie zum Einsatz: Einige Unternehmen lösen mit aggressiven Laugen die Fasern aus den Kokosnußschalen. Um den Matten den gewünschten Farbton zu verleihen, werden Färbe- und Bleichmittel verwendet, die nach Gebrauch meist ungeklärt in die Backwaters fließen.
Und so ist dieses Flußsystem keine reine Idylle mehr. In den letzten 150 Jahren sank der Wasserstand um zwei Drittel – vor allem durch legale und illegale Landgewinnung. Umweltverschmutzung, Bevölkerungswachstum und Landwirtschaft setzen diesem einmaligen Lebensraum zu. Große Teile der Mangrovenbestände sind verschwunden, es gibt immer weniger Muschelbänke und Krokodile. Viele Zugvögel bleiben aus, weil die Anwohner mit immer raffinierteren Methoden die Flüsse, Kanäle und Seen nahezu leergefischt haben. Wasserhyazinthen breiten sich ungehindert aus; unter ihnen erstickt alles Leben, Häfen und Kanäle werden unpassierbar.
Das Gleichgewicht der Natur ist hier empfindlich gestört. Aber Umweltschutz ist im ansonsten sehr fortschrittlichen

Trivandrum: gemeinsames Kochen beim Pongal-Fest am Attukal-Tempel

Viele alte Traditionen werden in Kerala gepflegt: Kathakali-Aufführungen erzählen mit phantastischen Masken und üppigen Kostümen aus dem Ramayana und Mahabharata – zwei Hindu-Heldenepen der Urzeit. Die Heilmethoden der Ayurveda-Mediziner wurden bereits vor rund 3000 Jahren praktiziert. Verhältnismäßig jung ist die Technik der Selbstverteidigung Kalari Payatu, die ein südindischer Mönch im 6. Jh. entwickelte. In Trivandrum kommen wie seit Jahrhunderten zahllose Menschen zum Pongal zusammen, dem Erntedankfest Südindiens.

Trivandrum: Mütter und Kinder warten auf Einlaß in den Attukal-Tempel

Kathakali-Vorführungen sind überall im Land populär

Für das Pongal-Erntedankfest geschminktes und geschmücktes Mädchen

Kerala besonders in der dominierenden Kleinindustrie noch unwichtig. Allerdings nicht überall: Der Bundesstaat gehört zu den Zentren der Ayurveda-Medizin. Deren Heilmittel beruhen auf Rezepturen, die bereits vor 3000 Jahren in den heiligen Sanskritschriften festgehalten wurden – und deshalb ohne jede Chemie hergestellt werden. Die heutigen Apotheker kennen zwar die Wirkung ihrer vorwiegend bei chronischen Beschwerden erfolgreichen Medikamente, aber erklären können sie sie nicht.

In Keralas fruchtbarem Klima gedeihen viele der Kräuter, Wurzeln und Büsche, die als Grundstoff für Ayurveda-Medikamente dienen. Auch Metalle, Gesteinsarten, sogar Pfauenfedern hütet die renommierte »S. D. Pharmacie« in ihren Lagerhallen zwischen den Kanälen Alleppeys. In der herb duftenden Kräuterküche rühren Angestellte mit langen Holzkellen dunkle, zähflüssige Mixturen in Bronzekesseln zusammen. Aber wie in einer mittelalterlichen Alchimistenküche sieht es dort nicht aus: In einem modernen Zweckbau werden die getrockneten Präparate pulverisiert, in Pillenform gepreßt und verpackt. Zeitgemäß ist auch die TV-Werbung des Unternehmens, in der es sein lebensverlängerndes Kräuterelixier anpreist.

Kalari-Payatu-Schüler in Kaduthuruthy

Nicht zuletzt durch die Kommerzialisierung der Medikamente rückt Ayurveda, diese uralte »Wissenschaft des Lebens«, als ganzheitliche Heilmethode inklusive Ölmassagen, Diäten, Yoga und Meditation wieder vermehrt ins Bewußtsein der Inder. Allein in Kerala bilden fünf Schulen mit angeschlossenen Krankenhäusern Ayurveda-Ärzte und -Ärztinnen aus.

Ein Teilgebiet des Medizinstudiums befaßt sich mit den 107 vitalen Preßpunkten am Körper, von denen zwölf direkt mit der Lebensenergie gekoppelt sind. Das Wissen von diesen Energiezentren soll

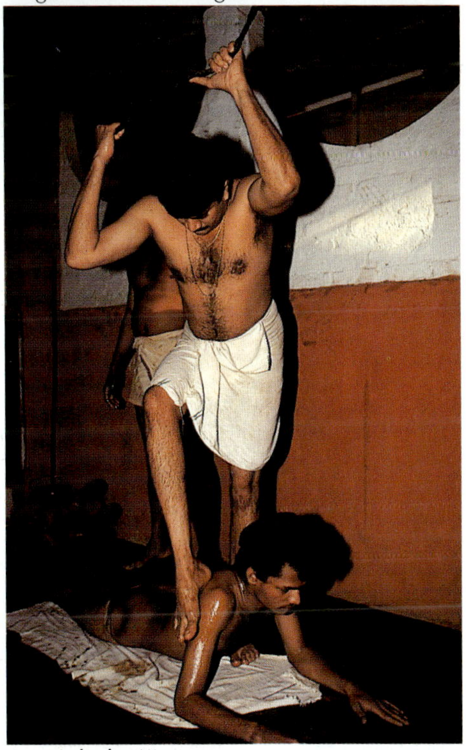

Ayurvedische Massage

Strandrestaurant an der Kovalam Beach

Südliche Bucht der Kovalam Beach

Die Fasern der Kokosnußhülsen werden gelöst

Kleinbetrieb, der Kokosnußfasern verarbeitet (unten)

Die Hülsen der Kokosnüsse werden zum Aufweichen versenkt (unten)

Nahe Keralas Hauptstadt Trivandrum ist Kovalam Beach einer der populärsten Strände Südindiens. Erste Charterfluggesellschaften fliegen den Badeort bereits direkt aus Europa an. Ganz in der Nähe werden auf traditionelle Art Kokosteppiche und -matten hergestellt.

Kovalam: Fischer ziehen ihre Netze an Land

der südindische Mönch Bodidharma im Jahr 522 n. Chr. als Voraussetzung für die Entwicklung der Akupunktur an den Hof von Kaiser Wu der Ling-Dynastie nach China gebracht haben. Weil die langen Reisen der damaligen Pilger voller Gefahren waren, lernten sie auch, durch Körperbeherrschung und Konzentration, im Notfall mit gezielten Schlägen die Energiezentren eines Feindes tödlich zu treffen – das Kalari Payatu war geboren.

Wie Kung-Fu oder Karate basiert Kalari Payatu als eine der ältesten Kampfdisziplinen auf Selbstverteidigung, lehrt aber auch den Umgang mit altertümlichen Waffen. In Trivandrum, der südlichen Hauptstadt Keralas, setzt Sri Govindankutty Nair die Tradition der Kalari-Kunst in seiner renommierten CVN-Schule fort. Wenn in den Morgenstunden das Leben im nahen Padmanabhaswamy-Tempel erwacht und Händler ihre Blumengirlanden an der Tempelstraße ausbreiten, binden sich die Kalari-Schüler das traditionelle Hüfttuch um, reiben den Körper mit Sesamöl ein und erweisen den Porträts der Meister die Ehre, bevor sie sich mit kraftvollen Sprüngen und gedehnten Schritten aufwärmen.

Kalari Payatu – die uralte Kultur der Kampfkunst

Der Kalari-Meister arbeitet in kleinen Gruppen: erst die Anfänger, dann die Fortgeschrittenen, und schließlich lassen jeweils zwei Schüler Stab, Stock, Messer, Säbel und Knüppel filmreif gegeneinander knallen. Nach dem Unterricht empfängt Sri Govindankutty Nair Patienten in seiner Klinik, denn ein Kalari-Gurukkal ist auch gleichzeitig Ayurveda-Arzt und -Masseur. Einst war das notwendig, denn die Kalari-Meister mußten zugleich auch Kampfverletzungen behandeln können.

Um in den Genuß einer Kräuterölmassage zu kommen, braucht man freilich nicht krank zu sein. Unweit der Landeshauptstadt, am Strand von Kovalam, verfügt jedes größere Hotel über ein Ayurveda-Massage-Center. Nach der wohltuenden Behandlung kann man am Lighthouse Beach, unterhalb des rotweißen Leuchtturms, auf den Wellen reiten oder sich im Strandrestaurant verwöhnen lassen, denn Kovalam ist Südindiens Alternative zu Goa. Seit kurzem gibt es Charterflüge von England direkt nach Trivandrum, und die vorwiegend einfachen Hotels bauen laufend aus.

Natürlich beeinflußt der Fremdenverkehr das Leben der Einheimischen: Die Jungen passen nicht nur Kleidung und Musik dem westlichen Geschmack an. In den Dörfern, nahe den Stränden, betteln Kinder unentwegt um Kugelschreiber oder Süßigkeiten. Und wer das »idyllische Leben im südindischen Fischerdorf« auf Video oder Foto festhalten will, wird von den Anwohnern zur Kasse gebeten – warum sollten sie auf ein Honorar verzichten, wenn ihre Siedlung schon als eine Art Schaudorf dient?

Trotz der Veränderungen der letzten Jahre bringen die Fischer, wie schon ihre Vorväter, gemeinsam singend und ziehend die großen Netze ein, die sie in Ruderbooten zur See hinausgefahren haben. Und wie seit einem halben Jahrtausend sind sie begeistert vom Kathakali – eine in Kerala einzigartige Mischung aus Drama, Tanz und Pantomime, die zudem Yoga- und Ayurveda-Elemente enthält.

Schon die Vorbereitung für das Schauspiel ist ein Spektakel für sich: Die Kathakali-Darsteller sitzen im Kreis um ein paar Töpfchen mit natürlichem Farbpulver, das sie mit Kokosnußöl zu Schminke anrühren und mit Holzstäbchen sorgfältig auf das Gesicht auftragen. Grün symbolisiert einen vornehmen Charakter, göttliche Helden und Könige; Rot steht für Tapferkeit und Mut, Schwarz für das Böse. So entstehen in stundenlanger Arbeit Masken, deren Charaktere mit Schablonen aus Pappmaché zusätzlich betont werden. Reissäcke, die sich die Jünglinge um den Bauch binden, geben den Kostümen die gewünschte Fülle, Armreifen und Kopfschmuck vervollkommnen die Erscheinung der Götter-Helden.

Perfekte Körperbeherrschung beim Tanzdrama Kathakali

Ein Brahmane rezitiert Szenen aus den uralten Hindu-Epen Ramayana oder Mahabharata, die den Einheimischen wohlbekannt sind, die ihnen als Kinder von ihren Müttern und Großmüttern erzählt wurden. Dann treten die »Götter« zur Musik von Trommeln und Fingerzimbal auf. Ihre Körperbeherrschung ist perfekt bis in die feinste Bewegung der Gesichtsmuskeln, ihr Tanz spektakulär, und der Lauf der Handlung zieht das Publikum immer wieder in seinen Bann – und das schon seit Jahrhunderten.

Trivandrum

Karte: Seite 112/113, Planquadrat G 5.
Anreise: Die Hauptstadt Keralas, auch Thiruvananthapuram genannt, ist von allen indischen Städten per Flugzeug, Zug und Bus gut zu erreichen.
Unterkunft: Die meisten Besucher übernachten am nahen Kovalam Beach. In der Stadt bietet das Hotel »Luciya Continental« luxuriösen Komfort (East Fort, Tel. 04 71/7 34 43). Ein modernes Mittelklassehotel ist das zentral gelegene »Pankaj« (M.G. Rd., Tel. 7 66 67).
Sehenswürdigkeiten: Nahe dem Busterminal erhebt sich das mächtige Eingangsportal zum Vishnu geweihten Padmanabhaswamy-Tempel (1733). Nichtgläubige haben keinen Zutritt, können aber an der Tempelstraße das Palast-Museum mit 120 historisch ausgestatteten Räumen besuchen (Mo–Sa 10–17 Uhr). Die M. G. Rd. führt an repräsentativen Regierungs- und Universitätsgebäuden vorbei zum Zoologischen Garten (Di–Sa 9–17.15 Uhr), dem sehenswerten Governement Art Museum und der Sri Chitra Art Gallery (v. a. indische Kunst; tgl. 10–17 Uhr), die alle innerhalb des Parks am Nordrand der Stadt liegen.
Ausgehen: Das »Indian Coffeehouse« serviert Snacks im luftigen Pavillon an der M. G. Rd. Das gemütliche Restaurant »Kalavara« (Press Rd.) ist bei Einheimischen im Trend. Im Coffeeshop »Promenade« des Hotels »Mascot« gibt es rund um die Uhr Eisdesserts und kleine Mahlzeiten.
Ausflüge: Der Küste entlang nach Süden gelangt man nach Padmanabhapuram (65 km), wo der Maharadscha von Travancore einen ähnlich schönen Palast wie jenen in Trivandrum hinterlassen hat.
Information: Museum Rd., Tel. 6 11 32.

Kovalam

Karte: Seite 112/113, Planquadrat G 5.
Anreise: Vom Flughafen Trivandrum kann man direkt zum Strand fahren. Zwischen der Hauptstadt und Kovalam (15 km) verkehren laufend Busse.
Unterkunft: Seit es britische Charterflüge nach Trivandrum gibt, ist das Angebot an Betten in Mittelklassehotels knapp (frühzeitig reservieren). Neuerdings hat das komfortable Hotel »Samudra« auch ein Schwimmbad (Tel. 48 00 89). Das freundliche Mittelklassehotel »Varmas« (Tel. 48 04 78) bietet Blick auf Palmen und Meer. Hinter dem Lighthouse Beach befinden sich zahlreiche Pensionen mit einfachen bis spartanischen Zimmern, anrufen kann man im »Sandy Beach« (Tel. 48 05 07) und »Neelakanta« (Tel. 48 03 21).
Sport: Das »Ashok Beach Resort« offeriert Wassersportmöglichkeiten. Populär sind die Yogakurse im Hotel »Neptun« und die Ayurveda-Massagen, die mehrere Hotels anbieten.
Ausgehen: Am Lighthouse Beach reihen sich Restaurants aneinander, die tagsüber kleine Mahlzeiten und am Abend eine köstliche Auswahl an Fisch- und Tandoori-Gerichten servieren.
Einige Lokale zeigen regelmäßig westliche Videos. Das Hotel »Neptun« organisiert mehrmals wöchentlich Konzerte mit klassischer indischer Musik oder Kathakali-Vorführungen.

Alleppey

Karte: Seite 112/113, Planquadrat F 4.
Anreise: Busverbindungen bestehen laufend von Trivandrum (155 km) und Cochin (65 km). Am schönsten ist die Anreise per Fähre von Kottayam oder mit dem Touristenschiff ab Quilon (Kollam).
Unterkunft: Das gut geführte Hotel »Prince« (A. S. Rd., Tel. 04 77/37 52) liegt etwas abseits vom Zentrum und bietet gepflegte Zimmer, Restaurants und ein Schwimmbad zu fairen Preisen. Sehr günstig sind die recht ordentlichen Räume im zentral, doch ruhig gelegenen Hotel »Komala« (Tel. 36 31).
Sehenswürdigkeiten: Das Zentrum der Backwaters wird von Kanälen durchzogen, die zum fast menschenleeren Sandstrand führen. Hauptattraktion sind jedoch Alleppeys Schlangenbootrennen, die von jeher im August und seit einigen Jahren, speziell für Touristen, auch am 19. Januar abgehalten werden.

Der Kommunismus hat in Kerala Tradition

Ausgehen: Das stimmungsvolle »Indian Coffee House« an der Hauptstraße serviert schmackhafte Zwischenmahlzeiten. Nahe dem Tempel (ebenfalls an der Hauptstraße) bietet »Kream Korner« vor allem Hühnergerichte in guten Saucen.
Ausflüge: Das Fremdenverkehrsbüro bei der Bootsanlegestelle wie auch die Agentur »ATDC« im Hotel »Karthika« (gleich nördl. des Nord-Kanals) vermieten motorlose Hausboote für exklusive Rundfahrten. Täglich um 10.30 Uhr fahren Spezialschiffe in rund 8 Std. ins südliche Städtchen Quilon. Mehrmals täglich tuckern öffentliche Fähren nach Kottayam.
Information: Bei der Bootsanlegestelle, Tel. 34 62.

Kottayam

Karte: Seite 112/113, Planquadrat F 4.
Anreise: Kottayam liegt an der Eisenbahnstrecke Cochin–Trivandrum. Busse gibt es auch von Alleppey (30 km) und dem Periyar-Reservat (115 km). Am schönsten ist die dreistündige Anfahrt mit der öffentlichen Fähre von Alleppey.
Unterkunft: Außerhalb von Kottayam liegt direkt am Vembanad-See das exklusive Hotel »Coconut Lagoon« (historische Kerala-Häuser; Tel. in Cochin: 04 84/66 82 21). Ruhe versprechen die Bungalows des »Taj Garden Retreat« ganz in der Nähe (Tel. 04 81/9 23 77). In der Stadt gibt es einfache Häuser wie das Hotel »Aiswarya« (Tel. 6 12 50).
Sehenswürdigkeiten: 3 km nordwestlich des Stadtzentrums befinden sich nah beieinander zwei Kirchen, deren düstere Innenräume mit bunten Fresken aufgehellt werden und im Kern aus vorportugiesischer Zeit stammen (Cheriapally und Valiyapally).
Ausflüge: Kottayam bildet die östliche Grenze der Backwaters, die sich 15 km entfernt zum großen Vembanad-See ausdehnen. Busse fahren an den See, zum »Kumarakom Tourist Complex«, wo es Boote zu mieten gibt und ein Wanderweg am Ufer entlang durch ein Vogelreservat führt.
Ausgehen: Die Hotels am Vembanad-See haben gepflegte Restaurants. An der Straße nach Periyar, 5 km vom Zentrum, bietet das »Vembanad Lake Resort« einen idyllischen Garten am Kanal.

Frauen vor der Moschee bei Kovalam

Immer mehr Kanalschiffe werden zu Hausbooten für Touristen umgebaut

Kerala produziert Teppiche aus Kokosnußfasern

Kalari-Payatu-Schüler des Sri Vasu Gurukkal

In Kerala leben fast 30 Millionen Menschen – auf einer Fläche, die nur wenig größer ist als die Baden-Württembergs. Damit ist das Land der am dichtesten bevölkerte Bundesstaat Indiens. Krasse Armut ist dort nahezu unbekannt. Ende der fünfziger Jahre enteignete die marxistische Regierung die Großgrundbesitzer und verteilte das überaus fruchtbare Land an Arbeiter, die es heute als freie Bauern erfolgreich bewirtschaften.

Für das Pongal-Erntedankfest werden die Kinder wie Götter geschmückt

KERALA: NORDEN

Brückenschlag zwischen Welten

Kerala ist der am dichtesten bevölkerte Staat Indiens. Hindus, Moslems und Christen leben auf engstem Raum zusammen, und dennoch kommt es nur selten zu Konflikten. Viele Völker haben ihre Spuren hinterlassen – und so die Basis für diese Toleranz geschaffen: Portugiesen, Holländer, Engländer, Araber und Chinesen (Foto: Cochin, chinesische Fischernetze).

Tempelfestival in einem Vorort von Trichur

Dschungel-Expedition per Elefant im Periyar-Nationalpark (unten)

Musiker beim Elefanten-Marathon in Trichur

In Kerala gibt es noch knapp 3800 wild lebende Elefanten – etwa ein Fünftel der gesamten indischen Population. Und mehrere hundert werden als Arbeitstiere oder Tempelmaskottchen gehalten. Trotz großer Verehrung ist das Elefantendasein alles andere als paradiesisch. Der Lebensraum für wilde Elefanten wird ständig kleiner, und die Arbeitsbedingungen für die »Haus«-Elefanten sind oft katastrophal. Im Norden Keralas, in der Distrikthauptstadt Trichur, treten zur »Great Elephant Show« in jedem Jahr am 17. Januar jeweils 101 Elefanten zur Unterhaltung der Touristen auf.

Affe im Periyar-Nationalpark (unten)

Fest in der Kulturmetropole Trichur (unten)

Hingebungsvoll rubbeln die Elefantenführer Padmanabhans Rüssel ab, die Ohren und seinen mächtigen Körper. Auch die Stoßzähne werden auf Hochglanz poliert, denn der Dickhäuter steht kurz vor seinem großen Auftritt beim Pooram-Festival in Trichur, einem der prächtigsten Feste Keralas. Seit fast tausend Jahren sind aufwendig geschmückte Elefanten der Höhepunkt vieler religiöser Prozessionen. Manche Tempel halten sogar ihre eigenen Elefanten, die speziell für den Transport der Götterskulpturen zuständig sind. Im Sri-Krishna-Tempel von Guruvayoor, einem wichtigen Pilgerzentrum nördlich von Trichur, leben gut 40 Elefanten – nur die sechs größten haben freilich die Ehre, in Trichur aufzutreten.

Der Höhepunkt des Pooram-Festivals beruht auf einem uralten Wettbewerb zwischen den Anhängern der beiden Stadttempel Thiruvambadi und Paramekkavu: Vor jedem Heiligtum stehen in Reih und Glied je 15, mit vergoldetem Kopfgeschirr geschmückte Elefanten, wobei das mächtigste Tier in der Mitte die Tempelgottheit trägt. Eine halbe Million Augenpaare richten sich auf die Tiere, während die Mahuts, die Elefantenführer, behende 300 bunte Seidenschirme präsentieren. Bis zu diesem Zeitpunkt waren Design und Farben der Schirme ein wohlgehütetes Geheimnis, denn ihre atemberaubende Präsentation entscheidet – sobald die Klänge des Melam-Orchesters dröhnend anschwellen –, welche Gruppe in diesem Jahr den meisten Applaus erhält.

Parade der Dickhäuter: Pooram-Festival in Trichur

Nach den überschwenglichen Festivitäten kehrt Padmanabhan nach Guruvayoor in seinen recht bequemen Alltag zurück. Tempelelefanten werden von Gläubigen gestiftet und stehen weniger unter finanziellem Leistungsdruck als private Elefanten, die in der Festivalsaison von Prozession zu Prozession vermietet werden. Nicht selten wird die Musth, eine hormonell bedingte, zyklisch wiederkehrende, aggressive Phase der männlichen Tiere, mit Medikamenten und Schlägen herausgezögert, um Termine einzuhalten. Keralas Zeitungen berichten in jeder Saison von Amok gelaufenen Elefanten oder getöteten Mahuts – meistens als Reaktion auf jahrelang erduldete Mißhandlungen. Tierschützer, Versicherungsgesellschaften, die für Beschädigungen durch Elefanten aufkommen, sowie die Mahuts selbst fordern für sich vor allem bessere Ausbildung, Entlohnung und soziale Sicherheit. Denn eine Verbesserung ihrer Arbeitsbedingungen kommt auch den sensiblen Dickhäutern zugute.

Ein Leben in Freiheit führen die Elefanten im Periyar-Reservat nahe der Gebirgsgrenze zu Tamil Nadu. Nirgendwo sonst

Fischereiboote im Hafen von Cochin

in Indien lassen sich die Dickhäuter so leicht in ihrer natürlichen Umgebung beobachten wie an dem weit verzweigten, 1895 von den Briten künstlich gestauten Periyar-See. Ausflugsboote bahnen sich einen Weg an bizarr geformten Bäumen vorbei, die, längst abgestorben, dunkel aus der spiegelnden Wasseroberfläche ragen. Wildschweine suhlen sich an der Uferböschung, Sambarhirsche verfolgen aufmerksam das Motorengeräusch.

Über 750 Elefanten leben inzwischen in dem 77 700 Hektar großen Naturreservat – zu viele, denn die Dickhäuter haben einen guten Appetit und fressen langsam Wald und Buschland kahl: Ein erwachsenes Tier grast jährlich eine Fläche von rund zehn Hektar ab. Deshalb müßte das Naturschutzgebiet eigentlich erweitert werden. Doch dafür ist Kerala zu klein: Zwar wächst in diesem Bundesstaat die Bevölkerung längst nicht so schnell wie im übrigen Indien, aber schon jetzt ist das Land dreimal so dicht besiedelt wie Baden-Württemberg. Der Bevölkerungsdruck auf das Bergland nimmt zu, denn die Gebirgszüge der West-Ghats bieten ideale Voraussetzungen für den Anbau von Tee, Kaffee sowie Kardamom und vielen anderen Gewürzen.

Je tiefer sich die Straße von Periyar nach Kottayam windet, desto häufiger führt sie durch Pfeffer-, Kakao- und Gummibaum-Pflanzungen. Die Maharadschas von Travancore und Cochin hatten ihrem Volk schon im 19. Jahrhundert eigene Grundstücke zur Bearbeitung überlassen. Deshalb gibt es in Kerala nur wenig Großgrundbesitz, Kleinbauern steuern gut 90 Prozent der indischen Latexproduktion bei. In den Morgenstunden ritzen die Bauern mit einem speziellen, etwa zwei Zentimeter breiten Messer einen Streifen Rinde vom Stamm, worauf die weiße,

Reisfelder bedecken die Ebenen Keralas

zähflüssige Milch, der Latex, langsam in den Auffangbehälter fließt.
Schon von weitem riecht man die eingetrocknete Masse in der Werkhalle kurz vor Kottayam, wo die Kautschukklumpen gewaschen und zu »Gummihäuten am laufenden Meter« gepreßt werden. Daraus entstehen dann Fahrzeugpneus, Sandalen, Kondome und viele andere Produkte. Zumeist geht das Gummi jedoch zur Weiterverarbeitung in die nördlichen Bundesstaaten. Das »Land der Kokosnüsse« hat kaum Industrie. Es gilt sogar als riskant, hier eine Fabrik zu betreiben, denn es vergeht kein Tag in Kerala, an dem nicht irgendwo für oder gegen irgend etwas gestreikt wird.

30 aktive Parteien zeigen den Stellenwert der Politik

Die Bereitschaft zur öffentlichen Auseinandersetzung macht sich auch durch die Präsenz von annähernd 30 aktiven Parteien bemerkbar. Kerala wählte 1957 als erster Staat der Welt freiwillig eine kommunistische Regierung. Seither wurde sie mehrfach wiedergewählt oder auch abgewählt. Und noch heute prangen Hammer und Sichel auffallend oft auf Hausmauern und Plakaten, rote Fahnen flattern im Wind. Das politische Interesse und Engagement basiert nicht zuletzt auf dem hohen Bildungsniveau – Kerala ist Indiens einziger Bundesstaat, in dem nahezu alle Bewohner lesen und schrei-

Der Araber Baba Budan brachte im 17. Jahrhundert die ersten Kaffeesträucher nach Indien (unten)

Frauen schleppen das Wasser vom Dorfbrunnen nach Hause (unten)

Die indische Gewürzproduktion deckt rund ein Drittel des Weltmarktes, wobei Kerala ein bedeutender Produzent von Kardamom und Pfeffer ist. Auch Kautschuk, Tee und Kaffee gedeihen in dem Land.

In den höheren Gebirgslagen Keralas gedeiht hervorragender Tee

Eine Arbeiterin sortiert in Kumily Kardamom

Pfefferkörner trocknen an der Sonne

ben können; Landesdurchschnitt sind 52 Prozent. Und nicht nur das: Neben den 12000 Schulen gibt es noch 133 Colleges und fünf Universitäten.
Am frühen Morgen sieht man die Leute überall Zeitung lesen, in der Rikscha, am Bahnhof, auf der Straße. Und es gibt Fabriken oder Teeplantagen, in denen die Arbeiter einen Kollegen ausgesucht haben, der ihnen die neuesten Meldungen vorliest. Die Arbeiter bezahlen ihren »Draht zur Welt« selbst: Das, was er in den zwei Stunden hätte produzieren können, sammeln sie aus ihren eigenen Reihen zusammen.
Für gut ausgebildete Fachleute sind die Arbeitsmöglichkeiten in Kerala jedoch begrenzt, über 3,6 Millionen Menschen suchen Arbeit. Um so begehrter sind die Keraliten in den Golfstaaten wie Saudi-Arabien: Jedes Jahr fließen mehrere hundert Millionen Dollar an die Angehörigen zurück nach Kerala – das Land füllt mit seinen Facharbeitern die leeren Kassen.
Keralas Wirtschaftsverbindungen mit der arabischen Welt haben Tradition: Schon in der vorchristlichen Zeit segelten persische und phönizische Handelsflotten hierher, um Olivenöl und Datteln gegen Seide und Elfenbein, Kardamom, Ingwer, Pfeffer und andere Gewürze zu tauschen. Bis heute sind arabische Daus Vorbild für die Bauweise einfacher Segelschiffe. Weitgehend verloren ging indes die Fischerei-Technik, welche chinesische Handelsleute ab dem 7. Jahrhundert nach Kerala brachten. Einzig auf Fort Cochin, an der Einmündung zum geschichtsträchtigen Hafen, lassen Fischer die Netze noch durch Steingewichte von hohen drachenförmigen Holzkonstruktionen ins Wasser eintauchen.

Cochin: die kosmopolitische Handels- und Hafenstadt

Ein paar Schritte von der fotogenen Szene entfernt, erinnert in der St. Francis-Kirche eine 1524 datierte Grabplatte an die Beerdigung Vasco da Gamas. Mit seiner ersten Indienreise hatte der portugiesische Entdecker 1498 ein neues Kapitel in der europäischen wie auch der indischen Geschichte aufgeschlagen – und die hat in Cochin ihre Spuren hinterlassen: auf den Fassaden der Paläste aus der holländischen Zeit, in der Synagoge der einstigen jüdischen Gemeinde und in den Basarstraßen Mattancherrys, die seit eh und je nach scharfen Gewürzen duften.

Cochin

Karte: Seite 112/113, Planquadrat F 4.
Anreise: Flugverbindungen bestehen von Trivandrum, Goa, Bangalore und Madras. Der Bahnhof liegt an der Bahnstrecke Bombay bzw. Bangalore–Trivandrum. Es gibt Busverbindungen von allen wichtigen Ortschaften innerhalb Keralas und von den Großstädten der Nachbarstaaten.
Unterkunft: Die meisten Hotels liegen auf dem Festland in Ernakulam; das exklusivste, kürzlich eröffnete »Taj Residency« steht an der Meerespromenade (Marine Drive, Tel. 04 84/37 14 71). In der Nachbarschaft hat das Hotel »Sealord« Zimmer der gehobenen Mittelklasse (Shamugham Rd., Tel. 35 26 82). Mitten in der Stadt ist das »Grand Hotel« komfortabel und preiswert (M. G. Rd., Tel. 35 32 11). Der »Bolgatti-Palast« auf der gleichnamigen Insel wurde zu einem stimmungsvollen, relativ einfachen Hotel umfunktioniert (Tel. 35 50 03).
Sehenswürdigkeiten: Cochins Schwesterstadt Ernakulam ist modern und hektisch, verfügt aber über eine schöne Promenade am Wasser. Der Charme der historischen Hafenstadt (auch Kochi genannt) ist auf den Inseln und Halbinseln erhalten geblieben. Das Fremdenverkehrsbüro beim Main Jetty in Ernakulam organisiert zweimal täglich Schiffsrundfahrten zu den wichtigsten Sehenswürdigkeiten: Auf der Insel Cochin, in der malerischen Altstadt Mattancherry, schenkten die Portugiesen den Dutch Palace 1555 dem Maharadscha von Cochin, die Holländer bauten die Villa später aus (Sa–Do 10–17 Uhr). Die Synagoge erinnert an die jüdische Gemeinde, die bis zur Gründung Israels in Cochin lebte; ihr Gebetshaus wurde 1568 errichtet, von den Portugiesen zerstört und von den Holländern rekonstruiert (So–Fr 10–12, 15–17 Uhr). Wo einst das Fort Cochin stand, fischen Einheimische mit den berühmten chinesischen Fischernetzen. In der Nähe bauten Portugiesen 1503 die St. Francis-Kirche als eine der ersten europäischen Kirchen in Asien. Die Fähren tuckern auch zur Bolgatti-Insel mit der gleichnamigen Hotelvilla (mit schönem Garten).
Ausgehen: Von den oben erwähnten Hotels hat nur das »Grand Hotel« kein Restaurant. Im Stadtteil Mattancherry kann man auf der Terrasse des Restaurants »Seagull« frischen Fisch direkt am Wasser genießen. Im Zentrum von Ernakulam serviert das Restaurant »Pandhal« (M. G. Rd.) sorgfältig zubereitete Gerichte der indischen, chinesischen und kontinentalen Küche.
Cochin bietet Gelegenheit, eine Kathakali-Aufführung zu sehen: Allabendlich gibt es Vorstellungen im Bolgatti-Palast, im Cultural Centre in Ernakulam und auf Fort Cochin (River Rd.).
Information: Shanmugham Rd., Ernakulam, Tel. 35 32 34.

Trichur

Karte: Seite 112/113, Planquadrat F 4.
Anreise: Am bequemsten ist die Stadt von Cochin (80 km) mit der Bahn, ansonsten per Bus erreichbar.
Unterkunft: Das erste Haus am Platz ist das Hotel »Casino« mit großzügigen Zimmern und ebensolchen Balkons (T. B. Rd., Tel. 04 87/2 46 99). Kleiner sind die klimatisierten Räume im Mittelklassehotel »Manapuram« (Kuruppam Rd., Tel. 2 76 92). Preiswert und ordentlich ist, nahe dem Bahnhof, das »Alukkas Tourist Home« (Railway Station Rd., Tel. 2 40 67).
Sehenswürdigkeiten: Das spektakuläre Pooram-Festival mit dem imposanten Elefantenaufmarsch läßt Trichur (auch Thrissur) jeweils im April/Mai aus allen Nähten platzen. Seit ein paar Jahren wird jeweils am 17. Januar speziell für Touristen die »Great Elephant Show« mit 101 Elefanten organisiert. Im Stadtzentrum stehen die drei Tempel Thiruvambadi, Paramekkavu und Vadakkunathan (Nicht-Hindus können nur letzteren besichtigen). Daran schließt sich ein Verwaltungsbezirk mit historischen Gebäuden und kulturellen Institutionen an. Dahinter dehnt sich der Tierpark aus, in dem sich auch das Staatsmuseum und das Museum for Natural History befinden (Di bis So 10–17 Uhr).
Ausgehen: Es gibt einfache Imbißlokale im Stadtzentrum. Das »Casino-Hotel« serviert am Abend im Garten indische Gerichte und alkoholische Getränke.
Ausflüge: Die Eisenbahn fährt ins 30 km entfernte Pilgerzentrum Guruvayoor, wo Lord Krischna verehrt wird. Wenige Kilometer außerhalb des Ortes kann man die rund 40 Elefanten im Camp der Tempelverwaltung besuchen (Punnathur Kotha). Mit dem Bus erreichbar ist (ebenfalls 30 km von Trichur) die bekannteste Kathakali-Schule Keralas in Cheruthuruthy; die Klassen heißen Besucher willkommen (Mo–Fr 9–12, 15.30–17.30 Uhr). Im 80 km nördlich gelegenen Dorf Kottakal gibt es ein berühmtes Zentrum für Ayurveda-Medizin.

Vadakkunathan-Tempel in Trichur

Periyar Wildlife Sanctuary

Karte: Seite 112/113, Planquadrat F 5.
Anreise: Die 4–5stündige Busfahrt von Kottayam (115 km) zum Ausgangspunkt Kumily ist schon eine Reise wert; über Tamil Nadus Grenze fahren Busse weiter nach Madurai (140 km). Von Kumily gibt es eine regelmäßige Busverbindung zur Bootsanlegestelle im Reservat.
Unterkunft: Der Sommerpalast des Maharadschas wurde zum Hotel »Lake Palace« umfunktioniert und liegt idyllisch auf einer Insel im See. Innerhalb des Reservats besteht auch die Möglichkeit, auf Hochständen zu übernachten. Einfach und preiswert sind in Kumily die Zimmer des Hotels »Lake Queen« (Tel. 20 84).
Sehenswertes: Das 1934 gegründete Reservat (800–1800 m. ü. M., 777 qkm) dehnt sich um den künstlich gestauten Periyar-See aus. In der Trockenzeit (Jan. bis April) sind die Chancen gut, Elefanten und andere Wildtiere am Ufer beobachten zu können. Ein Muß ist die Bootsfahrt auf dem weit verzweigten Gewässer, am besten früh morgens oder gegen Abend. Beim Informationsbüro, am Parkeingang und bei der Bootsanlegestelle, kann man zudem Trekkingtouren und Elefantenausritte buchen.
Ausgehen: Sämtliche Hotels verfügen über Restaurants, im Dorf Kumily gibt es weitere Eßlokale.
Information: Wildlife Centre beim Bootsanleger in Thekkady und Kumily.

Am Hafen von Cochin werden seit Generationen Fische mit riesigen, von schweren Steinen ausbalancierten Senknetzen gefangen

Beim Elefantenmarsch in Trichur

1568 errichteten aus Europa geflohene Juden in Cochin eine Synagoge

Kumily: Zwischen dem Tee wächst Pfeffer

Das kleine Kerala ist ein ausgesprochen vielseitiges Reiseland. Zahlreiche Völker und Religionen hinterließen ihre Spuren: Hindus, Christen, Moslems und Juden, Araber, Briten, Holländer, Chinesen und Portugiesen. An die einst blühende Judengemeinde in der alten Hafenstadt Cochin erinnert nur noch eine Synagoge. Die meisten Juden gingen nach Israel.

Transport per Ochsenkarren: langsam, aber preiswert

Vom Kokon zum Sari

Seide

Am Marina Beach, der Flaniermeile in Madras, hat sich eine Hochzeitsgesellschaft für das obligatorische Gruppenbild aufgestellt. Gekleidet sind die eleganten Damen in Saris, die kostbaren, typisch indischen Seidengewänder. Unter dem Sari tragen die Frauen eine farblich abgestimmte, hautenge Bluse bis über den Nabel und einen festen Unterrock. Vor dem Bauch wird die knapp sechs Meter lange Stoffbahn des Saris in Falten gelegt und unter den Rock gesteckt. Das Stoffende legen sich die Frauen um den Oberkörper und über die Schulter, wobei Sicherheitsnadeln den nötigen Halt geben.

Das populäre Gewand der Inderinnen schmeichelt fülligen Figuren ebenso wie schlanken und wird für jeden Geldbeutel, aus Baumwolle oder synthetischen Fasern, in allen erdenklichen Qualitäten, Variationen und Farbkombinationen hergestellt. Seidensaris, wie sie die Damen der Hochzeitsgesellschaft tragen, sind freilich der oberen Mittelschicht vorbehalten, denn sie kosten, als Prestigeobjekt mit vergoldeten Silberfäden durchwirkt, umgerechnet schnell mehrere hundert Mark. Bei gesellschaftlichen Anlässen repräsentieren die Sari-Trägerinnen so auch den Status ihres Ehegatten.

Bei »Nalli«, einem der renommierten Seidengeschäfte in Madras, lagern die handgewebten Kostbarkeiten stapelweise in den Regalen. Angestellte zupfen unablässig Stoffe hervor, während sich die Kundschaft von den bunten Mustern berauschen läßt. Fachmännisch werden die Stoffe befühlt, Farben verglichen und Bordüren geprüft: Geometrische Ornamente, Blumen, Pfauen und Paradiesvögel, auch Rehe und Elefanten sind mit vergoldeten Fäden in die berühmten Saris aus Kanchipuram eingewoben.

Ebenso erlesen wie die typische Tamilseide ist die Mysore-Seide aus Karnataka. In Andhra Pradesh tragen die Bräute zur Hochzeit vorzugsweise einen Dharmavaram-Seidensari, denn die Kunst der Seidenproduktion hat sich seit Buddhas Lebzeiten regional unterschiedlich entwickelt und spezialisiert. Weil die edlen Stoffe früher Königen samt Hofstaat und der Zierde der Götterstatuen vorbehalten waren, kam Indiens klassische Seidenindustrie vor allem in den heiligen Tempelstädten zur Blüte. Und über die alten Handelswege gelangten die kostbaren Seidenstoffe zur Zeitenwende erstmals in die Mittelmeerregion, wo die Händler reine Seide mit purem Gold aufwogen.

In der früheren Pallava-Metropole Kanchipuram, etwa 70 Kilometer südwestlich von Madras, finden die Designer ihre Inspiration noch heute in der Architektur der Tempel, den Dekors aus Stein oder Edelholz, manchmal auch nur im Detail eines historischen Musters. Die Skizzen arbeiten sie in immer neuen Kombinationen aus, da die anspruchsvolle Kundschaft nach stets frischen Trends im traditionellen Stil dürstet. Allein im staatlichen Seidenweberinstitut von Kanchipuram entwerfen spezialisierte Kunstschulabgänger jährlich bis zu 300 neue Designs, die sie, auf Karton gemalt, den Webern für wenig Geld überlassen.

Eine Kunst für sich ist das Übersetzen des Musters auf den Webstuhl, wobei Lochkarten aus Karton für die richtige Aufteilung der Stränge sorgen. Die Weber lernen das anspruchsvolle Handwerk von den Vätern, die, wie sie selbst und wiederum die Enkel, mit dem Klappern der Webstühle aufgewachsen sind. In Kanchipuram haben viele Menschen im oberen Stockwerk oder hinter dem Wohnhaus hölzerne Webstühle installiert, die seit den sechziger Jahren kaum modernisiert wurden – unter anderem, weil die indischen Seidenfäden für die Weiterverarbeitung auf hochtechnisierten Webstühlen zu unregelmäßig gezwirnt sind.

Seidenraupen haben sich zu Kokons verpuppt

Über den Holzrahmen der Webstühle sind an den Rändern die Goldfäden wie eine dünne Metallschicht gespannt, und die Weber schieben flink, aber mit höchster Konzentration, das Schiffchen zwischen den Fäden hin und her; für die Produktion eines einfachen Saris brauchen sie sieben bis zehn Arbeitstage – exklusive Exemplare beanspruchen mehrere Wochen.

Als die East India Company ab Mitte des 18. Jahrhunderts die indische Rohseide zur Verarbeitung nach Großbritannien verschiffte und danach als Fertigprodukt reimportierte, gaben viele Seidenweber auf, und die Tradition drohte auszuster-

In Bangalore offerieren die Geschäfte Seidenstoffe in allen denkbaren Farben und Mustern

Seidenraupen ernähren sich ausschließlich von Maulbeerbaumblättern

ben – bis Gandhi in den dreißiger Jahren das Spinnrad als Symbol für die Rückkehr zur Dorfindustrie propagierte und Nehru dem Handwerk durch Subventionen und ein Importverbot für Rohseide und Garn zu neuem Leben verhalf. Es entstanden Kooperativen und staatliche Institute zur Ausbildung sowie Förderung des Gewerbes, und mittlerweile ist die Hälfte der Bevölkerung von Kanchipuram direkt oder indirekt am Geschäft mit der Seide beteiligt.

Die Seidengarne kommen allerdings exklusiv aus Karnataka, wo der Herrscher Tipu Sultan um 1786 eine erste Zucht mit Seidenraupen aus Bengalen gründete. Er benötigte, wie andere Herrscher auch,

Seidenkokon-Versteigerung in Ramanagaram

hochwertige, aber dennoch preiswert zu produzierende Exportware, mit der er Waffen und Munition für seine Kriegsmaschinerie gegen die Briten kaufen konnte. Bald darauf entstanden zahlreiche Zuchtstationen und Maulbeerplantagen zwischen Mysore und Bangalore.

Die Wirtschaftskrise der dreißiger Jahre versetzte der Seidenindustrie einen schweren Schlag, aber als im Zweiten Weltkrieg China von Japan besetzt und der chinesische Seidenexport unterbrochen wurde, stellten die südindischen Manufakturen zur Fallschirmherstellung für die Alliierten auf Massenproduktion um. Heute werden pro Jahr etwa sieben Millionen Quadratmeter in alle Welt exportiert. Allein in Karnataka stellen rund 600 000 Familien über 7000 Tonnen Rohseide her.

Der eigentliche »Produzent« des Seidengarns ist der unscheinbare Maulbeerfalter. Die staatliche Zuchtstation bei Channapatna kauft von den Bauern Kokons und prüft die geschlüpften Falter auf Krankheiten, bevor beide Geschlechter vier Stunden zusammengebracht werden. Nach dem Liebesakt kommen die Männchen zur Erholung (vor einem zweiten Akt) in den Kühlschrank; die Weibchen werden in geordneten Abständen auf ein Blatt Papier gesetzt, auf das sie 400 bis 600 Eier legen.

Bauern kaufen die Blätter mit der abgezählten Brut und gedulden sich zehn Tage, bis die ersten, winzigen Larven schlüpfen. Während der folgenden fünf Entwicklungsstadien füttern die Züchter die Raupen in flachen Bambuskörben mit den feinen, zerkleinerten Blättern von Maulbeerbäumen, die zwischen Reisfeldern, Zuckerrohr- und Bananenplantagen gedeihen. Je besser die Qualität der Maulbeerblätter, desto besser die Qualität des Seidenfadens, mit dem sich die Raupen in der letzten Stufe der Metamorphose verpuppen.

Die voll ausgebildeten, gelblich prallen Kokons, in denen die Puppen durch Heißluft getötet wurden, landen schließlich zur Versteigerung sackweise auf dem Kokonmarkt in Ramanagaram. Die Käufer legen anschließend die Kokons in siedendes Wasser ein, damit sich der Bindungsstoff löst und die zwischen 18 bis 30 tausendstel Millimeter dünnen Fäden über einfache Vorrichtungen auf Spulen gedreht werden können. Ein Kokon ist aus 3000 bis 4000 Metern Faden aufge-

Der Faden der Seidenkokons wird aufgespult

baut, wovon allerdings nur 700 bis 1000 Meter in der Mittelschicht abhaspelbar sind.

Diese hauchdünnen Fäden werden in einer heißen Seifenlösung vom Sericin, dem Seiden-Leim, befreit und auf elektronischen Anlagen miteinander verzwirnt. Je nach Dreh des Fadens, Textur und Stärke, entstehen Seidengarntypen für Georgette-, Krepp-, Chiffon- oder Dupion-Stoffe. Und je nach Endprodukt werden die Fäden vor der Weiterverarbeitung eingefärbt, oder die gebleichten Stoffe erhalten in Färbereien von Hand bedruckte Muster, die in bis zu 30 Arbeitsgängen aufgetragen werden.

Das Reich der Götter, Geister und Dämonen

Hinduismus

Indiens Götter sind nicht erhaben. Ihre Charakterzüge ähneln den menschlichen und äußern sich in manchen Situationen sogar ziemlich extrem. Shiva, beispielsweise, war dermaßen erbost, als er nach jahrelanger Abwesenheit im Schlafzimmer seiner Gemahlin einen Jüngling vorfand, daß er diesen kurzerhand ent-

Vishnu am Chennakeshava-Tempel in Belur

hauptete. Dann erst erkannte der hitzköpfige Gott seinen ältesten Sohn Ganesha und machte sich verzweifelt auf die Suche nach einem Ersatzkopf.
Weil gerade ein Elefant des Weges kam, trägt Shivas Sohn seither das Haupt dieses Dickhäuters. Ganesha lernte, damit zu leben, und machte sich einen Namen als gutmütiger Gottessohn, der sämtliche Hindernisse zur Erfüllung von Wünschen aus dem Weg räumt. Nur einmal, als sich das ganze Hindu-Himmelreich lustig machte, weil der Wohlgenährte auf seiner kleinen Ratte durchs Firmament ritt, riß sich Ganesha wutentbrannt einen Stoßzahn aus und schmetterte ihn auf die grinsende Meute. Deshalb wird der Liebling der Hindus mit einem abgebrochenen Stoßzahn dargestellt.
Es ist ungewiß, wann die Menschen erstmals von den Tragödien und Affären im indischen Olymp erfuhren. Als Geburt des Hinduismus wird im allgemeinen jene Epoche um 1600 bis 1000 v. Chr. bezeichnet, in der die Arier, ein ursprünglich vermutlich aus Südrußland stammendes Volk, sich im nordindischen Tal des Indus ansiedelten und die vier Sanskrit-Vedas aufschrieben, das »Heilige Wissen«. Als älteste und einzige Weltreligion kennt der Hinduismus deshalb keinen Begründer; und es gibt kein einzelnes Buch, das als absolute Wahrheit anerkannt wäre. Aus dem Wissen der Vedas entstanden die Geheimlehren der Upanishaden, die Schriften der Puranas und der Bhagavadgita.
Wie in der griechischen Mythologie sind Leben und Wirken der Götter, Halbgötter, Dämonen, Geister, Fabelwesen, Menschen und Tiere in ausführlichen Epen festgehalten, die auch Hindus ohne Schulbildung im Detail kennen. Denn die Legenden aus dem Mahabharata und Ramayana waren und sind Vorlage für Kunst, Theater, Musik, Lyrik und Filme – seit den sechziger Jahren sogar für Comicstrips, die wegen ihrer fast wissenschaftlichen Treue zu den Originaltexten in einigen Schulen als Unterrichtsmaterial Verwendung finden und international in zahlreichen Sprachen vertrieben werden.
Die Bedeutung der ursprünglichen Naturgötter verlor sich im Lauf der Zeit zugunsten von Brahma, Vishnu und Shiva – jenen drei Hauptgottheiten, die als »Trinität« die Vollkommenheit des einen Göttlichen verkörpern. Die über allem stehende Kraft empfinden viele Hindus als weiblich. Der Schöpfer des Universums, Brahma, verfügt mit seinen vier Köpfen über unendliche Weisheit, die er den Menschen in den vier Vedas zugänglich machte. Er erfreute sich während des sogenannten Brahmanismus (etwa

Ganesha ist der Lieblingsgott der Inder

900 – 400 v. Chr.) besonderer Popularität bei den Brahmanen (Priestern), die sich mit dem Monopol auf kultische Handlungen eine privilegierte Stellung in der Gesellschaft schufen. Aus der damals wachsenden hierarchischen Ordnung entsprangen der Jainismus und der Buddhismus als Reformbewegungen. Der Hinduismus spaltete sich in zwei Hauptrichtungen, die bis heute entweder Shiva oder Vishnu besonders huldigen.
Shiva, der unberechenbare Erschaffer und Zerstörer, trägt in seinem hoch frisierten Haar eine Mondsichel und über der Nasenwurzel das Dritte Auge der

Shiva-Verkörperung als kosmischer Tänzer am Nataraja-Tempel in Chidambaram

Überall in Indien werden bunte Götterposter angeboten

Erkenntnis; oft wird er nur symbolisch in der Form eines Phallus dargestellt. Vishnu, der Erhalter, trägt auf dem Kopf die Königstiara, auf der Brust ein Juwel und in den Händen seiner vier Arme die Symbole der Weltgerechtigkeit.

Bis auf eine Epoche um das 5. Jahrhundert, während der sich Shivaisten und Vishnaisten verfolgten, gewährt der Hinduismus Glaubensfreiheit nach dem Motto der Upanishaden: »Es gibt den einen Gott, die Menschen nennen ihn bei verschiedenen Namen.« Der Hinduismus ist demzufolge nur bedingt als Vielgötterei zu verstehen, denn die zahlreichen Erscheinungsformen symbolisieren die verschiedenen Aspekte der einen göttlichen Kraft.

So vielfältig diese Götterdarstellungen, so unterschiedlich sind die Kulte, Keimsilben (Mantras) und Diagramme (Yantras und Mandalas) ihnen zu Ehren. Alle Gläubigen teilen indes die hinduistische Philosophie, in deren Verständnis jede Seele mehrere Leben auf Erden, in Pflanzen, als Tier und schließlich als Mensch verbringt. Sind Wohlbefinden, Wohlstand und Rechtschaffenheit erlangt, kann sich die Seele im Zustand von Moksha von der irdischen Existenz befreien. Die individuelle Entwicklungsstufe wird bestimmt durch das Gesetz des Karma, nach dem jede Tat einen Vergeltungsmechanismus freisetzt, der zu einer guten oder schlechten Vergeltung in einem weiteren Leben führt. Nach der Lehre vom Wesenskreislauf (Samsara) sind alle Lebewesen letztlich nichts anderes als geistige Seelen und werden in immer neuen Lebensformen wiedergeboren. Dem Gesetz der Inkarnation, der ewigen Wiedergeburt, sind auch die Götter unterworfen, weshalb Vishnu in seinen frühen Erscheinungen als Fisch, Schildkröte und Eber auftrat. Später erschien er als Ramayana-Held Rama, der seine entführte Frau Sita mit Hilfe des Affengottes Hanuman aus Sri Lanka zurückeroberte. Seine achte Inkarnation erlebte Vishnu als schöner Rinderhirt Krishna, der mit seinem Flötenspiel alle Frauen betörte. Buddha betrachten die Hindus als Vishnus neunte Reinkarnation.

Weilt Vishnu nicht auf Erden, fliegt er auf seinem göttlichen Fahrzeug, dem Greifvogel Garuda, durch den Kosmos, ruht auf der zusammengerollten Weltenschlange Ananta oder amüsiert sich mit seiner Gemahlin Lakshmi, der Göttin des Reichtums und Glücks. Shiva reitet hingegen auf dem Nandi-Bullen und wird in Südindien öfters von einer Gazelle begleitet. Als sein Schwiegervater Daksha ein Opfer darbrachte, ohne Shiva zur Zeremonie zu laden, warf sich Sati, die tugendhafte Gattin (und Vorbild für den in Südindien unbedeutenden Kult der Witwenverbrennung) in die Flammen. Im Schmerz des Verlustes tanzte Shiva als Nataraja den kosmischen Tanz der Zerstörung, bis die Welt neu erschaffen und seine Geliebte als Parvati wiedergeboren wurde. Die Göttin spendet seither als wohlwollende Shakti kosmische Lebenskraft, fordert diese aber auch in der furchterregenden Erscheinung von Kali. Außerdem besiegte Parvati, als Kriegerin Durga auf dem Tiger reitend, den Büffeldämon Mahishasura.

Weil das Göttliche zwar in verschiedenen Aspekten erscheint, aber gleichzeitig in allem Dasein innewohnt, betrachten die Gläubigen ihre Häuser und ihren Körper ebenfalls als Heimstatt und bemühen sich, diese rein zu halten; die Körperpflege, das Bad im Tempelteich und die Art der Nahrung erhalten dadurch religiösen Charakter. Am Morgen, nachdem die Südinder die Straße vor dem Haus gekehrt haben, malen viele mit Reis- oder Farbpulver dekorative Ornamente auf den Asphalt. Und auch in bescheidenen Häusern ist ein kleiner Pooja-Raum mit Bildern oder Skulpturen der Idole geschmückt. Ölflamme, Räucherwerk, Farbpulver und Blumen werden ihnen dargebracht – in den Tempeln durch die Vermittlung der Priester, die sich um das Wohl der Gottheiten kümmern.

Aufgabe der Brahmanen ist es auch, die Götterskulpturen in kostbare Stoffe zu kleiden, sie mit Weihwasser zu »duschen« und auf dem Elefantenrücken oder Tempelwagen an die frische Luft zu bringen. Weil der Hinduismus Makro- und Mikrokosmos nicht voneinander abgrenzt, widerspiegelt sich die gesamte Erscheinungswelt zwischen Himmel und Erde im Dekor der Tempel: Tiere, Menschen und Fabelwesen an der Basis, in den höheren Stufen die Halbgötter und schließlich ganz oben die Hauptgötter.

Tirumala: Mit Reispulver werden magische Diagramme, Yantras, auf den Boden gemalt

Curry, Chutney, Cutlet und Curd

Küche

Kopi-kopi-kopi-kopi« und »jai-jai-jai-jai« rufen fliegende Händler früh morgens durch die Bahnhöfe und Zugabteile, denn der südindische Tag beginnt mit Kaffee oder mit Schwarztee. Beide Getränke werden mit Milch und Zucker angerührt, und die Händler verstehen es, die dampfenden Flüssigkeiten in hohem Bogen aus Blechkannen in die Becher oder Gläser zu gießen.

Zum Kaffee oder Tee frühstücken die Einheimischen Masala Dosa, einen leichten Pfannkuchen aus Reis- und Linsenmehl, gefüllt mit scharf gewürzten Tomaten und Kartoffeln, oder Vaddas, eine Art Doughnut aus Linsenmehl, die ebenso wie Idlis, die gedämpften weißen Reiskuchen, mit einer Sauce aus Linsen und Tamarinde (Sambar) oder in Chutney (einer feinen Mischung aus Kokosraspeln, Kichererbsen, Peperoni und Salz) gegessen werden.

Zur Mittagszeit locken die einfachen Restaurants überall mit »Meals ready«, was bedeutet, daß die Kunden binnen kürzester Zeit ein rundes Servierbrett (Thali) vorgesetzt bekommen, auf dem sich in der Mitte ein Haufen Reis türmt. Darauf liegen ballonförmige, dünne Poori-Teigtaschen oder runde Chapati-Fladen. Darum herum sind verschiedene kleine Töpfchen arrangiert: Sie enthalten, je nach Region, vier bis fünf unterschiedliche Gemüsecurries, manchmal auch Fisch oder Fleisch, aber immer eine klare, scharfe Pfeffersuppe, einen Salat aus Linsensprossen, Peperoni, Karotten und Gurken, außerdem Pickles (scharf marinierte und in Öl eingelegte Mangostückchen) und Curd, das ist frischer Joghurt, der den Saucen die Schärfe nimmt. Genauso wenig fehlen darf die Nachspeise – meistens Payasa, ein saucenähnlicher, aromatischer Milchpudding mit süßen Vermicelli (Reisnudeln). Dazu wird jeweils aus einer Kanne Wasser ausgeschenkt, das aber aus hygienischen Gründen ebenso tabu sein sollte wie Salate und ungeschälte Früchte. Vielerorts gibt es zum Thali keine Alternative: In den kleinen Orten auf dem Lande ist es oft die einzige Verpflegungsmöglichkeit.

Nur noch selten, meistens zu speziellen Anlässen, werden die kleinen Köstlichkeiten auf dem Bananenblatt serviert. Noch weit verbreitet ist hingegen die Gewohnheit, mit der rechten Hand zu speisen, weshalb jede noch so bescheidene Kneipe über eine Waschgelegenheit verfügt. Mit der sauberen Hand (die linke gilt als unrein) wird der Reis mit den Zutaten gemischt und mit dem Daumen auf einer Art Fingerschaufel gekonnt in den Mund geschoben.

Beliebte Beilage: indische Fladenbrote

Die Kellner laufen währenddessen durch das Lokal und füllen aus großen Kesseln die Töpfchen nach, bis der letzte Kunde satt geworden ist. Mit der Rechnung reichen die Kellner erfrischende Anissamen zur Verdauung. Die Männer kauen zum Abrunden der Mahlzeit auch gerne Pan, in Betelblätter gewickelte, mit Kardamom und Paste vermengte Betelnußstückchen.

Nahrung, deren Zubereitung, Präsentation und Genuß, hat in der hinduistischen Eßkultur auch spirituelle Aspekte: Früchte werden als Opfergaben den Göttern dargebracht, Anstandsregeln geben Aufschluß über die Kastenzugehörigkeit. Sehr viele Hindus, mehr als die Hälfte der Südinder, sind Vegetarier und bereiten sämtliche Gemüsesorten mit besonderer Raffinesse zu – in delikaten bis scharfen Saucen, zusammen mit Paneer (Rahmkäse) oder zu »Steaks« vermengt, als Sizzler auf dem Bratbrett serviert, zu Cutlets (Gemüseplätzchen) fritiert, in diversen Teigtaschen, Suppen und Salaten.

Reis und Gemüse spielen auf dem südlichen Menüplan eine bedeutendere Rolle als im Norden, wo die Küche seit dem Mittelalter durch verschiedene Getreidearten und Fleischsorten vom islamischen Kochstil zentralasiatischer Eroberer geprägt wurde. Einige nördliche Spezialitäten haben sich dennoch im Süden

Hochzeitsmahl in Madurai: Traditionell wird in Indien am Boden gegessen

durchgesetzt: vor allem die köstlichen Fladenbrote, die in Variationen als Chapati, Naan, Roti oder Paratha zu den Mahlzeiten serviert werden. In offenen Küchen kann man gelegentlich beobachten, wie der Koch den Teig geschickt in die Luft wirft, um ihm die dünne, runde Form zu verleihen; dann wird das Brot an die Innenwand eines (ebenfalls aus dem Norden stammenden) Tandoori-Ofens gedrückt. An langen Spießen garen auch würzig mariniertes Fleisch und Fisch im Lehmrohr über dem Kohlefeuer. Nichtvegetarische Restaurants servieren auch Hähnchen, Lamm, manchmal Schweine-

In Goa serviert man Fischspezialitäten

oder Büffelfleisch in verschiedensten Saucen, gebraten oder gegrillt.
An der Küste, wo die Männer noch überall zum Fischfang auf das Meer hinausfahren, kommen Liebhaber frischer Meeresfrüchte voll auf ihre Kosten: Königsdorsch (Kingfish), Barrakuda, Haifisch (Shark), Makrelen (Bangda), Schwertfisch, Sardinen, Thunfisch, Garnelen (Shrimps), Muscheln, Langusten und Tintenfisch kommen dort auf den Tisch.
Einige Regionalküchen, in Karnataka jene des Küstenstädtchens Udipi und der Gebirgsregion Coorg, haben landesweiten Ruf erlangt. In Andhra Pradesh kultiviert Hyderabad einen sehr scharfen Kochstil, vor dessen Chili-Gehalt sogar Inder warnen. Doch sein schmackhaftes Byriani, ein Eintopf aus Fleisch und Reis, ist in ganz Südindien populär. Durch die Verwendung von Kokosnußmilch und Kokosnußfleisch ist die keralitische Küche recht mild, während die tamilische Chettinad-Küche Korianderpulver besonders raffiniert verwendet. Dabei werden viele Arten von Fisch oder Fleisch mit Pfeffer und gemahlenem Koriander gekocht. In Goa erweitern ursprünglich portugiesische Gerichte seit der Kolonialzeit den Menüplan, wie Chourisso (Schweinswürstchen) oder Vindaloo, ein süßsaures Eintopfgericht, das mit Essig, braunem Zucker, Ingwer, Chili und Knoblauch gekocht wird.
Im ganzen Land bereiten Hausfrauen und Wirte mit besonderer Leidenschaft Currygerichte mit Gemüse, Fleisch oder Fisch zu, denn ein Tag ohne Curry ist für die meisten Inder kein vollständiger. Curries werden in Liedern besungen und in Gedichten beschrieben. Ihre Qualität bietet reichlich Gesprächsstoff. Und für eine Gastgeberin soll es kein schöneres Kompliment geben, als daß ihr Curry noch tagelang an den Fingern zu riechen war.
Die aromatischen Blätter der Kari-Pflanze sind dabei nur ein winziger Bestandteil des aus etwa 25 verschiedenen Zutaten bestehenden Rezepts: Im Mörser vermischt werden individuelle, seit Generationen gehütete Kompositionen aus Koriander, Gelbwurz, Ingwer, Kardamom, Senfkörnern, Kreuzkümmel, Lorbeerblättern, Knoblauch, Zwiebeln, Zimt, Safran, Mangopulver, Tamarinde, Muskat, Gewürznelken, Paprika, Salz, Pfeffer, Chili, Basilikum, Minze und weiteren Ingredienzen wie Essig.
Zum Curry gibt es natürlich Reis. Indien ist weltweit der zweitgrößte Reislieferant und Konsument, wobei sich die Produktion seit der genmanipulierten Erfindung eines Superreises, Anfang der siebziger Jahre, verdoppelt hat. In Südindien scheint die Epoche großer Hungerkatastrophen, auch durch den Bau von Stau-

Gewürze – das Geheimnis der indischen Küche

dämmen und Bewässerungsanlagen, überwunden. Die tägliche Reisportion ist dennoch keine Selbstverständlichkeit für jedermann, weshalb Wohlbeleibte ihr Gewicht auch als Ausdruck ihres Wohlstandes tragen.
Für Europäer höchst ungewohnt ist die indische Art, Parties und gesellschaftliche Anlässe zu organisieren: Das Essen wird erst nach stundenlangem Trinken gegen Ende der Veranstaltung serviert, wobei das Festmahl immer aus einer ganzen Reihe von Gerichten besteht, welche die Gäste beim besten Willen nicht alle aufessen können. Nach den Hauptgerichten folgt das Buffet mit Süßigkeiten, wie Eiscreme, Gulab Jammun (ein in Honigsirup eingelegtes Mandelküchlein) oder mit Kardamom gewürzte Kulfi, eine Art Milchreis.

In einigen südindischen Restaurants wird »Thali« auf dem Bananenblatt serviert

Allgemeine Reise-Informationen

Südindien setzt sich aus den fünf Bundesstaaten Goa, Karnataka, Andhra Pradesh, Tamil Nadu und Kerala zusammen. Vom Cape Comorin, der Südspitze Indiens, breitet sich Tamil Nadu zwischen dem Golf von Bengalen und Kerala über 130 058 qkm aus. Die Hauptstadt Madras (5,7 Mio. Einwohner) liegt an der Koromandelküste nahe der Grenze zum nördlichen Nachbarn Andhra Pradesh. Innerhalb Tamil Nadus untersteht die ehemals französische Enklave Pondicherry (492 qkm) als Unions-Territorium direkt der Zentralregierung in Delhi. Tamil ist die Hauptsprache der rund 61 Mio. Einwohner Tamil Nadus.

Fast 30 Mio. Einwohner auf einer Fläche von nur 38 863 qkm zählt Kerala, der am dichtesten bevölkerte Staat Indiens; er dehnt sich als schmaler Küstenstreifen über 600 km entlang der westlichen Malabarküste aus. Muttersprache der Keraliten ist Malayalam. In ihrer recht kleinen Hauptstadt Trivandrum leben rund 826 000 Menschen.

Die gut 45 Mio. Einwohner Karnatakas sprechen vorwiegend Kannada. Bangalore ist die Hauptstadt des 191 791 qkm großen Staatsgebietes; die Grenzen berühren alle anderen südindischen Staaten, zudem Maharashtra im Norden und die Arabische See an der Malabarküste im Westen.

Ebenfalls an der Arabischen See, zwischen Karnataka und Maharashtra, ist Goa als kleinster Bundesstaat nur 102 km lang und maximal 60 km breit (3702 qkm). Goas Hauptstadt Panaji hat 90 500 Einwohner. Nur ein Drittel der 1,2 Mio. Goanesen spricht die Muttersprache Konkani, die übrigen Einwohner sind aus Nachbarstaaten zugewandert.

Größter Bundesstaat Südindiens ist mit 275 068 qkm Andhra Pradesh; er grenzt an Tamil Nadu, Karnataka, den Golf von Bengalen und drei nördliche Bundesstaaten. Die rund 67 Mio. Einwohner sprechen vorwiegend Telugu, in der nordwestlich gelegenen Hauptstadt Hyderabad sprechen viele der 4,7 Mio. Einwohner auch Urdu.

Plagegeister am Strand: fliegende Händler

Der Norden von Andhra Pradesh und Karnataka, das Dekhan-Plateau, ist muslimisch geprägt, im Gegensatz zum hinduistisch dominierten Süden. Die Mehrheit der Bevölkerung, je nach Bundesstaat 60 bis 80 Prozent, sind Hinduisten. Islam und Christentum sind die wichtigsten religiösen Minderheiten.

Anreise, Rückreise

Von Deutschland fliegt LTU in der Saison (ca. Nov.–April) direkt nach Goa. Linienflüge führen von allen wichtigen Flughäfen Europas über Delhi, Bombay oder Colombo (Sri Lanka) nach Südindien. Die Flugpreise sind abhängig von Fluggesellschaft, Saison und Gültigkeitsdauer des Flugscheins.

Der Rückflug muß drei Tage vor Reisedatum rückbestätigt werden. Check-in-Zeit für Flüge nach Europa ist 2 bis 3 Std. vor Abflug. Es wird eine Flughafentaxe von Rs. 300 erhoben.

Auskunft

Die Government of India Tourist Offices erteilen im Ausland allgemeine Reiseinformationen; innerhalb Südindiens organisieren die Büros an jedem touristisch bedeutenden Ort auch preiswerte Ausflüge in die jeweilige Region. In Deutschland hat das Indische Fremdenverkehrsamt seinen Sitz an der Baselerstr. 48, 60329 Frankfurt, Tel. 069 / 24 29 49-0, Fax 24 29 49-77.

Botschaften, Konsulate

In Deutschland hat die Visumsabteilung der Indischen Botschaft ihren Sitz an der Baunscheidtstraße 7, 53113 Bonn, Tel. 02 28 / 5 40 51 32. Zudem gibt es Konsulate in Berlin (Majakowskiring 55, 13156 Berlin, Tel. 030 / 4 80 01 78), Hamburg (Raboisen 6, 20095 Hamburg, Tel. 040 / 33 80 36) und Frankfurt (Mittelweg 49, 60318 Frankfurt, Tel. 069 / 153 00 50). In Südindien ist die Deutsche Botschaft in Madras vertreten, an der Commander-in-Chief-Road 22, Tel. 044 / 8 27 17 47.

Einkaufen, Souvenirs

Kunsthandwerk, Souvenirs, exotische Gewürze, duftende Öle: Indien bietet reichlich Einkaufsmöglichkeiten. In den Großstädten betreiben die Bundes-

REISEDATEN SÜDINDIEN

Flug von Deutschland	Inlandsverkehr	Reisepapiere	Devisen	Mietwagen	Benzin	Hotel	Pension	Menü	Einfaches Essen	Ortszeit	Trinkgeld
ab 1200 DM (nach Bombay)	Bahnfahrt Trivandrum – Madras: 588 Rs. (1. Klasse)	Reisepaß, Visum vor Abreise aus Deutschland	1 DM = 21,55 Rs. (Indische Rupien)	3 – 5 Rs. pro Kilometer, plus Wartezeiten	im Preis für Mietwagen enthalten	Luxuskat.: ab 2000 Rs. Mittelklasse: ab 450 Rs.	einfache Zimmer: 90 – 220 Rs.	Luxuskat.: ab 350 Rs. (ohne Getränke)	Frühstück: ab 50 Rs. Abendessen: ab 100 Rs.	MEZ + 4,5 Std. (Winter) MEZ +3,5 Std. (Sommer)	in Restaurants 10 % der Rechnung, pro Koffer 5 Rs.

staaten Warenhäuser mit einem reichhaltigen Angebot an typisch regionalen Produkten. Vor allem Tamil Nadu und Karnataka produzieren ein breites Spektrum an Seiden- und Baumwollstoffen, Holzschnitzereien und Metallarbeiten. Private Geschäfte ergänzen die Auswahl mit Kunsthandwerk aus entfernten Landesteilen wie Kaschmir oder Rajasthan. Sofern Händler nicht ausdrücklich auf feste Preise hinweisen, erwarten sie vom Kunden, daß er das erstgenannte Preisangebot um etwa ein Drittel herunterhandelt. Fix sind nur die Preise für Produkte des täglichen Bedarfs. Früchte- und Gemüsemärkte gibt es in jeder Ortschaft.

Ein besonderes Erlebnis ist die Fahrt mit dem Nilgiris-Expreß von Ooty nach Mettupalaiyam

Einreise, Zoll

Ein paar Wochen vor der Abreise ist bei einer diplomatischen Vertretung Indiens ein Touristen-Visum zu beantragen, das für eine maximale Aufenthaltsdauer von 6 Monaten ausgestellt wird. Der Paß muß mindestens ein halbes Jahr über die Visumsdauer hinaus gültig sein. Eine Kopie von Paß und Visum sollte man, für den Fall eines Verlustes, separat aufbewahren. Vor dem Zoll in Indien ist eine Embarkation Card (Einreiseformular) auszufüllen. Zollfrei einführen darf man, neben den üblichen Artikeln des persönlichen Bedarfs, 200 Zigaretten und eine Flasche Spirituosen. Verboten ist die Einfuhr von Rupien und die Ausfuhr von mehr als 100 Jahre alten Antiquitäten sowie Produkten tierischer Herkunft.

Elektrizität

Die Stromspannung beträgt 220 Volt. Zweipolstecker passen ohne Adapter in indische Steckdosen, empfindliche Geräte sollten aber durch einen Stabilisator vor Stromschwankungen geschützt werden. Kurze Stromausfälle sind an der Tagesordnung und werden in Luxushotels mit Generatoren überbrückt.

Essen, Trinken

Restaurants sind in Vegetarian und Non-Vegetarian unterteilt, wobei erstere im Süden überwiegen. In Non-Vegetarian-Restaurants wird meistens auch Alkohol ausgeschenkt und vorwiegend Huhn (Chicken) oder Hammelfleisch angeboten. An der Küste gibt es verschiedene Meeresfrüchte; vielfältig ist in ganz Südindien die Auswahl an Gemüsen: Blumenkohl (Gobi), Linsen (Dal), Erbsen (Matter), Spinat (Palak) und Kartoffeln (Alu). Die meisten Restaurants haben zudem chinesische Gerichte: Suppen, Fried Rice und Fried Noodles oder Sweet & Sour und Springrolls (Frühlingsrollen). In den Städten gibt es auch Restaurants, die auf chinesische oder kontinentale Küche spezialisiert sind. In ländlichen Regionen ist die Auswahl bescheiden, die meisten Hotels verfügen aber über ein Restaurant. Einfache Volkskneipen bieten überall »Meals ready« – leckere, schnell servierte kleine Mahlzeiten wie Thali (siehe auch Seite 102/103).

Zum Trinken gibt es Tee, Kaffee, frische Fruchtsäfte und Lassi (eine Art Buttermilch) sowie natürliche und süße Mineralwasser, zudem Bier und harte Spirituosen; in Goa werden sogar Wein und Portwein ausgeschenkt.

Indien ist ein ausgesprochen preiswertes Reiseland

Feiertage, Festivals

In Südindien vergeht kaum ein Tag, an dem nicht irgendwo ein Festival gefeiert würde – meistens in Zusammenhang mit der hinduistischen Religion. Die Daten richten sich nach dem Mondkalender und wechseln jedes Jahr; deshalb veröffentlichen die indischen Fremdenverkehrsbüros zum Jahresende jeweils eine Liste mit den aktuellen Daten der wichtigsten Veranstaltungen (»Indische Feste«). Ganz Südindien begeht im Januar das

Erntedankfest Pongal, teilweise mit Stierkämpfen und Ochsenrennen. Im Februar/März veranstaltet Goa Straßenumzüge zum Karneval, das hinduistische Gegenstück im März heißt Holi oder Shigmo. Andhra Pradesh und Karnataka feiern im März/April ausgiebig das Neujahr Ugadi. Chitrai, die Vermählung der Götter Shiva und Parvati, wird im April in Madurai besonders festlich gefeiert. Trichur ist berühmt für den pompösen Elefanten-Aufmarsch zum Pooram-Festival im Mai. Am Geburtstag des Elefantengottes Ganesha, dem Ganesh Chaturthi im August/September, baden Gläubige Ganesha-Skulpturen in Bangalores Ulsoor-See. Onam ist im August/September Anlaß für die berühmten Schlangenbootrennen in Alleppey. Im September/Oktober wird Dussera zu Ehren der Göttin Durga in Mysore besonders majestätisch zelebriert. Zum Lichtfestival Diwali im Oktober oder November zünden Gläubige im ganzen Land Lämpchen an, um dem Ramayana-Helden Rama den Rückweg aus Sri Lanka zu weisen. In Goa und Kerala sind die Kirchen zu Weihnachten überfüllt. Madras veranstaltet ab Mitte Dezember für vier Wochen das klassische Music & Dance-Festival.
Staatliche Feiertage sind der 1. Januar, 26. Januar (Tag der Republik), 1. Mai, 15. August (Tag der Unabhängigkeit) und 2. Oktober (Gandhis Geburtstag).

Fotografieren

Es lohnt sich, eine Kamera mitzunehmen, denn Südindien ist voll von Sujets, und die Menschen freuen sich zumeist, wenn sie fotografiert werden. Öfters bitten indische Touristen darum, von ausländischen Besuchern ein Bild machen zu dürfen. An der Kasse zu den meisten Sehenswürdigkeiten muß für wenige Rupien eine Fotografier-Erlaubnis erworben werden; die Gebühr für Videokameras ist relativ hoch, und Filmen ist nicht überall gestattet.
Gewöhnliche Papierfilme sind in Südindien problemlos erhältlich und können in den Städten kurzfristig entwickelt werden. Diafilme sind schon schwieriger, und speziell empfindliche Filme kaum aufzutreiben; auch ist die Lagerung der Filme nicht immer einwandfrei. Ersatzbatterien für die Kamera sollte man von zu Hause mitnehmen und leere auch dort entsorgen.

Indiens Angebot an Souvenirs ist sehr vielfältig

Geld

Zum Mitnehmen eignen sich in Deutsche Mark oder Schweizer Franken ausgestellte Reiseschecks. Banken und Hotels tauschen sie gegen die Landeswährung, die indische Rupie. Die Ein- und Ausfuhr von indischen Rupien ist verboten. Exklusive Hotels, Restaurants und Geschäfte akzeptieren die bekannten internationalen Kreditkarten, und bei einigen Banken kann man damit auch Bargeld beziehen. Euroschecks sind in Indien nutzlos.

Goa	Temp. max.	Temp. min.	Wassertemp.	Regentage	Sonnenstd.
Januar	32°	20°	27°	0	10
Februar	32°	20°	27°	0	9
März	32°	23°	28°	0	10
April	33°	25°	29°	1	10
Mai	33°	26°	29°	5	9
Juni	31°	25°	28°	25	4
Juli	29°	24°	27°	29	2
August	29°	24°	27°	26	4
September	30°	24°	27°	16	6
Oktober	32°	24°	28°	7	8
November	33°	22°	28°	4	9
Dezember	33°	20°	27°	0	10

Quelle: Seewetteramt Hamburg

Gesundheit

Sofern man nicht aus einem Gelbfieber- oder Choleragebiet einreist, sind keine Impfungen vorgeschrieben. Dennoch sollte man ein paar Wochen vor der Abreise ein Tropeninstitut konsultieren, um den Schutz vor Tetanus, Polio, Typhus, Hirnhautentzündung, Diphtherie und Hepatitis A abzuklären (Bernhard-Nocht-Institut für Tropenmedizin, Tropenmedizinisches Beratungszentrum, Bernhard-Nocht-Str. 74, 20359 Hamburg, Tel. 040/39 88 89-33). Die regelmäßige Einnahme von Malariaprophylaxe wird ebenfalls empfohlen. Gegen Abend sollte der Körper unbedingt mit entsprechender Kleidung und Hautschutzmitteln vor Mückenstichen geschützt werden. Zudem gibt es an jedem Kiosk Räucherspiralen (Moskito Coils), deren Rauch Mücken vertreibt. Wichtig ist auch eine Sonnencreme mit hohem Schutzfaktor.
Da man mehr als gewöhnlich schwitzt, ist entsprechend mehr Flüssigkeit zu konsumieren. Wasser, das nicht speziell gefiltert ist oder aus original verschlossenen Flaschen stammt, ist ebenso tabu wie Eiswürfel, ungeschälte Früchte, rohes Gemüse, Frischmilch und Salate. Die gängigen Medikamente sind in den Apotheken erhältlich (Pharmacy/Chemist, 10–20 Uhr geöffnet; in Großstädten mit 24-Stunden-Service). Notfalls ist in jedem größeren Ort ein Arzt oder eine Krankenstation zu finden. Die Krankenhäuser in Pondicherry haben den Ruf, überdurchschnittlich gut zu sein.

Bangalore	Temp. max.	Temp. min.	Regentage	Sonnenstd.
Januar	27°	15°	0	8
Februar	30°	17°	1	9
März	33°	19°	1	9
April	34°	22°	4	8
Mai	33°	22°	8	8
Juni	29°	20°	8	4
Juli	28°	20°	11	4
August	28°	20°	13	4
September	28°	19°	13	5
Oktober	28°	19°	9	6
November	27°	18°	6	6
Dezember	26°	16°	3	7

Luxus-Hotel »Lalithmahal Palace« in Mysore: Indien bietet für jeden eine passende Unterkunft

Klima, Reisezeit

Während des europäischen Winters, etwa von November bis März, ist das südindische Klima am angenehmsten: Die Tage sind sonnig, nicht zu feucht und erträglich heiß, die Nächte erfrischend kühl. Im April steigert sich die Hitze ins Unerträgliche; etwas Abkühlung verschaffen über tausend Meter hoch gelegene Gebirgsregionen, wo die Temperaturen (im Nov.– März) bis auf den Gefrierpunkt sinken können.

Im Unterland bringen die Regengüsse der Monsunmonate Juni / Juli Erfrischung. In Kerala sind August / September wieder recht trocken, bevor eine zweite, kurze Regenzeit im Oktober beginnt.

Literatur

Der Klassiker für Globetrotter ist »India« – a lonely planet travel survival kit (Victoria, Australien, 6. Auflage 1996). Als kunsthistorisch ergiebigster Indien-Führer gilt »Indien«, Kunst- und Reiseführer mit Landeskunde von Heimo Rau (Kohlhammer, Stuttgart, 2. Aufl. 1990). Eine Einführung in die Glaubenswelt des Subkontinents gibt Heinrich Zimmer in »Philosophie und Religion Indiens« (Suhrkamp, Frankfurt/M.). Zu Yoga und Meditation führt Wulfing von Rohr in dem Buch »Magisch Reisen Indien – Geburtsland von Mystik, Magie und Meditation« (Goldmann Tb., München 1991). Krimifans führt H.R.F. Keating in mehreren Werken nach Indien oder in indisches Milieu (Rororo Thriller, Reinbek, u. a. Nr. 2268/2343/2354/2378/2460).

Medien

Die meisten Mittelklassehotels haben auf den Zimmern Satellitenfernseher, die neben indischen Programmen internationale zeigen. Oft wird am frühen Morgen eine Zeitung in englischer Sprache unter der Tür der Hotelzimmer durchgeschoben; stark vertreten sind »The Hindu« und der »Indian Express« mit Regionalausgaben. An den Kiosken gibt es »India Today« zu kaufen, ein vierzehntägig erscheinendes Magazin, das sich mit Wirtschaft, Politik und Gesellschaft auseinandersetzt. »Asia Today« befaßt sich mit denselben Themen im asiatischen Raum, und »Goa Today« veröffentlicht goa-spezifische Artikel. Interessante Berichte über Wirtschaft und Politik gibt es auch im Magazin »Business India«.

Öffnungszeiten

Die Geschäfte sind im allgemeinen von Montag – Samstag 10 – 18 Uhr geöffnet, manche legen eine Siesta ein, andere bleiben bis 20 Uhr auf. Die Büros arbeiten vorwiegend von 10 – 13 und 14 – 17 Uhr; die Schalterstunden der Banken sind 10 – 14 Uhr, samstags bis 12 Uhr. Postämter sind durchgehend bis 16.30 Uhr geöffnet – samstags bis 12 Uhr. Sonntag ist Ruhetag. Die meisten Restaurants schließen gegen elf Uhr abends. Die Öffnungszeiten der Museen sind unterschiedlich, im allgemeinen aber von 10 – 17 Uhr.

Post, Telefonieren

Die Postämter arbeiten recht zuverlässig; Luftpostbriefe brauchen 8 – 12 Tage nach Europa. Es gibt auch Speedpost (3 Tage), Telegramm-, Fax- und Paketservice in jedem größeren Ort. Man kann sich zu jedem größeren Postamt postlagernde Briefe schicken lassen; die Adresse lautet dann: Vorname, Name, Poste Restante, Ortschaft.

Telefonverbindungen gehen seit einigen Jahren über Satellit und funktionieren zuverlässig. Selbst in abgelegenen Ortschaften kann man in »STD / ISD«-Kabinen mit computerisiertem Tarifzähler direkt das In- oder Ausland anwählen. Landesvorwahl Deutschland: 00 49, Landesvorwahl Indien: 00 91.

Wichtige, landeseinheitliche Telefonnummern in Indien: Polizei Tel. 100, Feuerwehr Tel. 101, Ambulanz Tel. 102, internationale Auskünfte Tel. 187.

Reisegepäck

Koffer eignen sich wenig für Reisen in Indien; handlicher sind Reisetaschen oder eine Kombination aus Tasche und Rucksack. Die Kleidung sollte pflegeleicht und aus natürlichen Materialien sein. In der touristischen Saison (Nov. bis

Colva Beach: Vor dem Fotografieren sollte man möglichst um Erlaubnis bitten

April) benötigt man am Abend eine leichte Jacke, in höheren Gebirgslagen wärmere Kleidung. Außerhalb Goas erregen Frauen unangenehm Aufsehen, wenn ihre Kleidung nicht knie- und schulterdeckend ist. Jedes Hotel verfügt über einen Wäscheservice. Allgemeine Toilettenartikel sind überall erhältlich; Spezialartikel nimmt man besser mit.

Als nützlich erweisen sich auch ein Fernglas für Tierbeobachtungen in den Naturparks, Taschenlampe, -messer und -rechner, Nähset und Notfallapotheke. Bei der Rückreise sollte man daran denken, daß das Gewichtslimit bei den meisten Fluggesellschaften bei 20 kg pro Person liegt.

In Goa haben sich die Einheimischen an die spärlich bekleideten Touristen gewöhnt

Sicherheit

Die Gefahr, in Südindien körperlich bedroht zu werden, ist minimal; nachts ist an Goas Stränden allerdings Vorsicht geboten. Recht häufig sind Diebstähle, die man durch einen verantwortungsvollen Umgang mit seinen Wertsachen weitgehend vermeiden kann. Es versteht sich, daß teurer Schmuck zu Hause bleibt, Geld und Dokumente auf dem Körper getragen oder im Hotelsafe deponiert werden, im Hotelzimmer keine Wertsachen offen herumliegen sowie Fenster und Türen beim Verlassen des Raumes verschlossen werden.

Alleinreisende Frauen können sich weitgehend problemlos im männerdominierten Alltag Südindiens bewegen, sofern sie die Kleidersitten beachten und selbstsicher auftreten.

Nicht zu unterschätzen sind die Gefahren der Natur: Am Kovalam Beach, in Kerala, ist das Baden im Meer das ganze Jahr nur beschränkt möglich. Vor Ausbruch des Monsuns sind Unterwasserströmungen und Wellen auch in Goa gefährlich. In den Naturschutzgebieten sind Spaziergänge auf eigene Faust unverantwortlich, da die Gefahr besteht, einem gefährlichen Tier zu begegnen oder sich zu verirren. Auch Trekkingtouren in den Gebirgen unternimmt man nur in Begleitung eines Führers. Vorsicht auch im Straßenverkehr, der links orientiert ist.

Spirituelle Zentren

Mehrere südindische Ashrams (spirituelle Lehrstätten) nehmen westliche Besucher vorübergehend bei sich auf, um ihnen die Lehren ihres Gurus (Lehrers) zu vermitteln. Zu den bekanntesten Gurus zählt Sri Satya Sai Baba, der sich als Inkarnation des 1918 verstorbenen Sai Baba von Shirdi bezeichnet und in Puttaparthi (nördlich von Bangalore, in Andhra Pradesh) sein Zentrum führt. Eine »Filiale« des Ashrams befindet sich im Vorort Whitefield bei Bangalore.

Der einzige lebende weibliche Guru Südindiens, Mata Amritananda Maye, hat ihren Ashram in Amrithapuri, inmitten der Backwaters von Kerala, zwischen Alleppey und Quilon. Im Shantivanam-Ashram bei Tiruchchirappalli (Tamil Nadu) wird die »Suche nach der eigenen Mitte« in der Tradition des vor wenigen Jahren verstorbenen Gründers und Benediktinerpaters Bede Griffiths fortgeführt. Auf Selbsterkenntnis konzentrieren sich die Seminare und Workshops im Ramana-Maharashi-Ashram bei Tiruvannamalai, südlich von Madras. In Pondicherry praktizieren Anhänger des 1950 verstorbenen Sri Aurobindo u. a. das vom Meister entwickelte Integrale Yoga.

Zwischen Mysore und Madikeri siedeln sich zunehmend tibetanische Mönche an, die Besucher zum Gespräch willkommen heißen, sie aber nur in ihren Klöstern aufnehmen, wenn das Interesse an einer Jahre andauernden buddhistischen Ausbildung glaubhaft gemacht wird.

Sport

Wer sportorientierte Ferien plant, wird kaum nach Indien reisen. Die Luxushotels verfügen über das obligate Angebot: Tennisplätze, Fitneßräume, Schwimmbäder; an der Küste vermieten sie auch Motorboote und Surfbretter. In Goa besteht die Möglichkeit, nach gesunkenen Schiffen zu tauchen. Golf spielen kann man in Goa, Madras, Ooty und Bangalore. Yogaunterricht gibt es in den meisten Städten und – speziell für Fremde – an den Stränden von Goa und Kovalam (Kerala). Die Touristeninformation in Bangalore veröffentlicht Adressen mehrerer Organisatoren, die Riverrafting, Bergsteigen und Campingtouren auf dem Programm haben. In den Naturreservaten stehen Führer für Dschungelwanderungen zur Verfügung.

Trinkgeld

In Restaurants ist es üblich, etwa zehn Prozent Trinkgeld zu geben. In Hotels erwarten Gepäckträger, Zimmermädchen und Wäscheboys ebenfalls »Tip«. Taxi- und Rikschafahrer erhalten Extrageld für Extraleistungen. Auf den Straßen wird man öfters angebettelt. Einheimische geben, wenn jemand offensichtlich nicht arbeiten kann oder alt ist. Gesunde Männer und Frauen sollen nach ihrer Meinung den Lebensunterhalt selbst verdienen. Obschon die Armut in Südindien nicht die Ausmaße des Nordens annimmt, leben viele Menschen am Rand der Existenzfähigkeit. Wer allerdings an Kinder massenweise Bonbons, Münzen und Kugelschreiber verteilt, mindert nicht die Armut, sondern verdirbt nur die Erziehung der Jüngsten.

Umgangsformen

Indien ist ein gastfreundliches Land, das seinen Besuchern ein herzliches Interesse entgegenbringt. Sehr viele Südinder sprechen auch etwas Englisch, und nicht selten suchen sie ein Gespräch mit Fremden, das grundsätzlich mit dem Satz »Where are you from?« beginnt.
Manche südindische Sitte erscheint dem Besucher befremdend, andererseits verletzen Fremde das Sittenverständnis der Südinder, wenn sie kurze Hosen und Röcke tragen, die Schuhe nicht ablegen, bevor sie ein Haus oder einen Tempel betreten, mit der linken Hand essen oder in aller Öffentlichkeit Zärtlichkeiten austauschen. In abgelegenen Regionen mögen Einheimische die Touristen ebenso neugierig mustern wie umgekehrt. Und selbstverständlich benötigt man zum Erledigen der »Reiseadministration« etwas mehr Geduld als zu Hause.

Unterhaltung

Das Kulturangebot ist vor allem in den Großstädten interessant, wo die Zeitungen über Konzerte, Tanzvorführungen, Kinoprogramme und Theater informieren. Selbst wenn man die Sprache des Dargebotenen nicht versteht, ist es anregend, ein Theater oder Kino einmal von innen kennenzulernen. An der Hotelrezeption oder beim Fremdenverkehrsamt kann man sich beraten lassen.
Einzigartige Erlebnisse garantieren Tempelfestivals, Volkstheater und öffentliche

Madras: Gutes, landestypisches Kunsthandwerk bieten die staatlichen Handicraft Emporiums

Tanzbälle, die meist die ganze Nacht andauern. Ansonsten enden die Nächte, sogar in Ferienzentren und der »Pub-City« Bangalore, vor Mitternacht. Diskotheken haben Seltenheitswert, und Bars sind oft so eingerichtet, daß man sich darin unwohl fühlt.

Unterkunft

Großstädte und Ortschaften von touristischer Bedeutung verfügen über das ganze Spektrum, von einfachen Pensionen bis zu Luxushotels. Die Zimmer in den zahlreichen Mittelklasse-Hotels haben Ventilator oder Klimaanlage, private Badezimmer sowie Zimmerservice und ein Restaurant im Haus. Das Preis-Leistungs-Verhältnis ist im internationalen Vergleich oft sehr gut, wenn auch der Service mehr herzlich als professionell ist, auf dem frischen Handtuch ein Fleck zu finden sein mag und die Klimaanlage genau dann ausfällt, wenn man sie bräuchte. In entlegenen, wenig touristischen Regionen mag es schwer fallen, eine angenehme Bleibe zu finden. Unterkünfte der niedrigsten Preisklasse heißen Lodge oder Guesthouse, wobei eine Preisersparnis oft einem Abstrich an Hygiene gleichkommt. Einzelzimmer werden selten vermietet, meistens gibt es Doppelzimmer zu einem etwas niedrigeren Singletarif. Die meisten Hotels haben auch Drei-Bett- und Familienzimmer oder Suiten. Die Betten sind im allgemeinen härter und kürzer als gewohnt. Oropax mögen gelegentlich nützlich sein, die Nachtruhe zu finden.

Verkehrsmittel

Der öffentliche Verkehr ist preiswert und gut ausgebaut. Die Straßenverhältnisse und das veraltete Eisenbahnnetz erlauben allerdings nur eine Durchschnittsgeschwindigkeit von etwa 30 km / Std. Es herrscht Linksverkehr in Indien. Die Fahrweise wird von vielen als halsbrecherisch eingestuft.
Inlandsflüge: Die Hauptstädte der südindischen Bundesstaaten, auch größere Ortschaften wie Cochin, Madurai oder Tirupati, verfügen über einen Flughafen; sie werden, neben der staatlichen Indian Airlines, auch von privaten Fluggesellschaften bedient. Die Flüge sind preiswert (bis 30 Jahre 25 % Ermäßigung) und nur in der Hochsaison hoffnungslos überbucht. Unerläßlich ist eine Rückbestätigung (Reconfirmation) mindestens einen Tag vor dem Reisedatum. Verspätungen sind an der Tagesordnung, dennoch sollte man eine Stunde vor Abflug am Check-in-Schalter erscheinen.

Im Verkehrsgewühl von Hyderabad sind die Scooter auf kurzen Strecken am schnellsten

Eisenbahnland Indien: 60000 Kilometer Schienen und täglich 10 Millionen Passagiere

Indian Airlines bietet einen 21 Tage gültigen »Discover India«-Pass, der unbegrenztes Fliegen ermöglicht (500 US-Dollar). Einzige Bedingung: Eine Stadt darf nur einmal angeflogen werden.

Eisenbahn: Südindiens Großstädte sind alle ans Bahnnetz angeschlossen. Fahrten in kleinere Ortschaften sind empfehlenswert, sofern sie an den Hauptstrecken liegen. Bahnreisen sind günstig, langsam und bequem in der Sleeper- oder 1. Klasse. Die Wagen der 2. Klasse sind meist überfüllt und entsprechend schmutzig. Bei mehreren Fahrten lohnt sich der »Indrail Pass«, der beliebig viele Fahrten erlaubt. Die Tarife sind nach Gültigkeitsdauer und Kategorie gestaffelt (z. B. 21 Tage, 1. Klasse: 200 US-Dollar). Für lange Distanzen sollte man vorher einen Platz reservieren. Wenn man das erst an einem indischen Bahnhof erledigen will, muß man dafür lange Schlangen vor dem Reservation Office in Kauf nehmen. Für alleinreisende Frauen gibt es oft ein Lady Ticket Office und Abteile für »Ladies Only«. Die Züge starten meistens pünktlich, haben unterwegs aber oft Verspätung. In den Zügen ist Verpflegung erhältlich, an den Bahnhöfen gibt es Kioske und Imbißbuden. Ein besonderes Erlebnis ist die Fahrt mit dem historischen Dampfzug »Nilgiris-Express« in Tamil Nadu. Weitere Informationen gibt es beim Generalagenten der indischen Eisenbahnen in Deutschland Asra-Orient-Reisen, Kaiserstr. 50, 60329 Frankfurt, Tel. 069 / 25 30 98).

Bus: Die Verbindungen sind billiger, schneller, häufiger und weitreichender, aber weniger gemütlich als jene der Bahn. Jede Ortschaft verfügt über einen Busbahnhof, wo man Informationen über Abfahrtszeiten erhält und für lange Strecken einen Platz reservieren kann. Als Vergnügen sind die Fahrten kaum zu bezeichnen. Oft fehlen die Fenster, so daß man dem Zugwind ausgesetzt ist. Alle zwei, drei Stunden wird bei einem Restaurant ein Halt eingelegt. Auf manchen Strecken verkehren neben staatlichen auch private Busgesellschaften.

Taxi: An jedem Flughafen gibt es einen Schalter, wo man Taxifahrten vorausbezahlt. Auch in den meisten Ortschaften sind Taxis gut vertreten. Sie verfügen aber selten über einen Zähler, weshalb der Preis vor Antritt der Fahrt auszuhandeln ist. An der Hotelrezeption oder im Restaurant kann man sich nach dem Preisniveau erkundigen. Auf langen Strecken wird ein Kilometeransatz vereinbart, wobei Hin- und Rückfahrt verrechnet werden. Es lohnt sich deshalb, Rundreisen zu planen oder den Fahrer gegen ein Entgelt warten zu lassen. Vor allem, wenn mehrere Personen zusammen reisen, lohnt sich der verhältnismäßig günstige Luxus einer Privatkarosse – meistens handelt es sich um ein bequemes, altmodisches »Ambassador«-Modell.

Autorikscha: Die Motorräder mit aufgebauter Lenker- und Passagierkabine heißen auch Scooter. Sie sind auf kurzen Strecken das schnellste Transportmittel und fahren in den Städten mit Taxameter, sofern man darauf besteht. Andernfalls ist der Preis im voraus auszuhandeln; der Kilometeransatz ist jeweils auf der Passagierkabine aufgemalt.

Fahrräder: Zur Erkundung der näheren Umgebung kann man fast überall auch stundenweise für wenig Geld recht stabile Fahrräder mieten.

Mietwagen: Sie sind an den Flughäfen und in den Großstädten erhältlich. Die ungewohnte Fahrweise der Inder ist jedoch eine Herausforderung, die man besser einem einheimischen Fahrer überläßt.

Motorräder: Sie kann man in jedem größeren Ort mieten. Geübte Fahrer mögen sich auf eine längere Abenteuertour begeben, doch muß unterwegs mit rücksichtslosen Lastwagenfahrern, überraschend auftauchenden Hindernissen und technischen Pannen gerechnet werden. Mehrwöchige Rundfahrten von Goa durch Südindien organisiert die deutsch geleitete Agentur »Classic Bike Adventure« (Casa Tres Amigos, Socol Vado No. 425, Assagao, Bardez, Goa, Fax 00 91 / 832 / 27 61 24).

Schiff: Am schönsten sind Fahrten in Keralas Backwaters; zwischen den Ortschaften bestehen Verbindungen mit

Familienausflug in Hyderabad: Ein Motorrad oder gar Auto können sich nur wenige Inder leisten

öffentlichen Fähren, man kann auch private, ziemlich kostspielige Hausboote mieten. Zwischen Goa und Bombay verkehrt täglich ein Schnellboot, wobei die siebenstündige Fahrt sehr anstrengend ist. Von Cochin bestehen Schiffsverbindungen zum Inselarchipel der Lakkadiven und von Madras zu den Andamanen.

Zeit

Während der europäischen Winterzeit ist die indische Zeit 4,5 Std. voraus, im Sommer 3,5 Std. Sonnenauf- und Untergang sind zwischen sechs und sieben Uhr; die Zeit der Dämmerung ist nur sehr kurz.

Zeittafel

ca. 1500 v. Chr.
Hellhäutige Arier besiedeln Nordindien und drängen die dort ansässigen drawidischen Völker nach Süden.

um 600 v. Chr.
Phönizier erreichen die südliche Malabarküste und treiben Gewürzhandel.

5. Jh. v. Chr.
Buddhismus und Jainismus entwickeln sich aus dem Hinduismus.

272–231 v. Chr.
Unter Ashoka dem Großen erlebt das erste indische Kaiserreich seine Blütezeit.

52
Der Apostel Thomas landet in Kerala.

500
Die Pallava-Dynastie entsteht.

9. Jh.
Das Pandya-Reich um Madurai erreicht seine größte Ausdehnung.

10–11. Jh.
Das Reich der Cholas in Tanjore dehnt sich über ganz Südindien aus.

1206
Muslimische Eroberer aus Zentralasien gründen um Delhi ein erstes Sultanat.

1336
Die Fürstentümer des Südens verbünden sich zum Vijayanagar-Reich gegen die Truppen aus dem Norden.

1347
An der Nordgrenze zum Vijayanagar-Reich macht sich ein Bahmani-Sultan unabhängig von Delhi; später zerfällt das Bahmani-Reich.

1498
Vasco da Gama entdeckt den Seeweg um das Kap der guten Hoffnung nach Kerala.

1510
Alphonso d'Albuquerques Truppen erobern Goa für Portugal.

1885–1906
Der hinduistische Nationalkongreß und die Moslemliga werden gegründet und fordern ein politisches Mitspracherecht.

1914
Mohandas Karamchand Gandhi kommt nach Indien an die Spitze der Unabhängigkeitsbewegung.

1947
Indiens Unabhängigkeit wird Realität; ein Jahr später wird Gandhi von einem religiösen Fanatiker ermordet.

Etwas schneller als die Eisenbahn sind die häufig überfüllten und wenig komfortablen Überlandbusse

1565
Die zerstrittenen Sultanate des ehemaligen Bahmani-Reiches verbünden sich, um das Vijayanagar-Heer in der Schlacht von Talikota vernichtend zu schlagen.

17. Jh.
Holländer, Briten, Franzosen und Portugiesen kämpfen um die Vormachtstellung der Handelsposten, während der Mogul-Herrscher Aurangzeb aus Delhi in den Süden vorrückt.

1789–99
Die Mysore-Kriege zwischen England, Frankreich und Tipu Sultan entscheiden sich zu Gunsten der Briten, die Indien dadurch unter ihre Kontrolle bringen.

1857/58
Nach Aufständen gegen die East India Company übernimmt die Britische Krone die Administration der Kolonie.

1950–1964
Die Indische Union wird eine parlamentarische Demokratie mit bundesstaatlicher Ordnung. Jawaharlal Nehru wird zum ersten Premierminister.

1954
Die Franzosen geben ihre indischen Besitzungen zurück, u. a. Pondicherry.

1961
Portugal muß aus Goa abziehen.

1966–1989, 1991
Nehrus Tochter, Indira Gandhi, und ihr Sohn Rajiv Gandhi werden nacheinander Premierminister und ermordet.

1991
Öffnung der Wirtschaft in der Amtszeit von Premierminister Narasimha Rao.

Stand der Info-Angaben: Juli 1996.

1
2
3
4
5
A
B
C
D
E
F
G
BOMBAY
THANA
KALYAN
BHIWANDI
NASHIK
AURANGABAD
JALNA
PARBHANI
NANDED
AHMADNAGAR
PUNE
NIZAMABAD
LATUR
SOLAPUR
Secunderabad
GULBARGA
SANGLI
Miraj
KOLHAPUR
ICHALKARANJI
BIJAPUR
Raichur
KURNOOL
BELGAUM
DHARWAD
HUBLI
GADAG
HOSPET
BELLARY
ADONI
ANANTAPUR
PRODDATUR
DAVANGERE
Shimoga
Bhadravati
Panaji
Marmagao
Madgaon
Goa
Karwar
Bhatkal
Udupi
MANGALORE
TUMKUR
BANGALORE
Hassan
MANDYA
MYSORE
CANNANORE
Mahe
Pondicherry
CALICUT
(KOZHIKODE)
SALEM
ERODE
TIRUPPUR
COIMBATORE
PALGHAT
POLLACHI
TIRUCHCHIRAPPALLI
DINDIGUL
MADURAI
TRICHUR
Kerala
ERNAKULAM
COCHIN
ALLEPPEY
QUILON
TRIVANDRUM
NAGERCOIL
Cape Comorin
TUTICORIN
TIRUNELVELI
PALAYANKOTTAI
Virudunagar
Ratnagiri
Malvan
Vengurla
Kumta
Honavar
Coondapoor
Kasaragod
Amindivi Is.
Chetlat I.
Cardamum I.
Agatti I.
Kavaratti
Androth I.
Lakshadweep
Cannanore Is.
Kalpeni I.
Laccadive Islands
Nine Degree Channel
Minicoy I.
Eight Degree Channel
+5h30 Gr. Time
+5h Gr. Time
Malabar Coast
Western Ghats
Maharashtra
Deccan
Karnataka
Tamil Nadu

Zeichenerklärung • Legend
Fernverkehrsstraße - in Bau
Trunk road - under construction
Hauptstraße mit Straßennummerierung
Principal highway with road numbering
17
Nebenstraße - Fahrweg, Piste
Secondary road - Practicable road, track
Wichtiger internationaler Flughafen
Major international airport
Internationale Grenze - Provinzgrenze
International boundary - Province boundary
Hauptstadt eines souveränen Staates
National capital
NEW-DELHI
Besonders sehenswerter Ort - Sehenswerter Ort
Place of particular interest - of interest
BOMBAY
Badami
Sonstige Sehenswürdigkeiten - Brunnen
Other objects of interest - Well
1 : 4 700 000
0
40
80
120
160
200 km
AFGHĀNISTĀN
ZHONGGUO (CHINA)
ĪRĀN
PĀKISTĀN
NEPAL
INDIA
New Delhi
Lucknow
BANGLADESH
Ahmadābād
Calcutta
MYANMAR (BURMA)
Nāgpur
Arabian Sea
Bombay
Hyderābād
Bay of Bengal
Bangalore
Madras
Cochin
SRI LANKA
Colombo
MALEDIVES
INDIAN OCEAN
6
7
8
9
10
A
B
C
D
E
F
G
Bay of Bengal
Coromandel Coast
Palk Strait
Palk Bay
Gulf of Mannar
SRI LANKA
CHANDRAPUR
Warora
Wani
Mūl
Garhchiroli
Muramgaon
Kānker
Bārdula
Khariār
Baliguda
Kalinga
Bhanjanagar
Pipili
Delta
Machgaon
PURI
Banapur
Ashika
Chatrapur
BRAHMAPUR
Sompeta
Bhawānipatna
Junāgarh
Bissamcuttack
Mohana
Rāyagada
Gunupur
Parlākimidi
Tekkali
Pālkonda
Narasannapeta
Srīkakulam
VIZIANAGARAM
Bhimunipatnam
VISHĀKHAPATNAM
Anakāpalle
Chodavaram
Narsīpatnam
Tuni
Jagdalpur
JEYPORE
Koraput
Pārvatīpuram
Bobbili
Rāmabhadrapuram
Umarkote
Kondagaon
Nārāinpur
Ghot
Allapalli
Borgi
Sironcha
Bhopālpatnam
Bījāpur
Chinnur
Mancherāl
Kaddam
Ādilābād
Utnūr
Jagtiāl
Peddapalli
Manthani
Karīmnagar
Sirsilla
Siddipet
Husnābād
Warangal
WARANGAL
Narsampet
Jangaon
Mahbūbābād
Bhongir
HYDERĀBĀD
Kottagūdem
Bhadrāchalam
Ashwaraopet
Polavaram
RĀJAHMUNDRY
Nidadavole
Tādepallegūdem
Pithāpuram
Sāmalkot
KAKINĀDA
Rāmachandrapuram
Yanam
Pondicherry
Amalāpuram
ELŪRU
Nūzvid
BHĪMAVARAM
Gudivāda
Narasapuram
MACHILĪPATNAM
Suriāpet
Kodār
Jaggayyapeta
Nandigāma
Nalgonda
Miriālgūda
Macherla
VIJAYAWĀDA
GUNTŪR
TENĀLI
Ponnūru
Nidubrolu
Repalle
Narasaraopet
Chilakalūrupet
Vinukonda
Bāpatla
Chīrāla
Ātmākur
Addanki
Mārkāpur
Podile
Ongole
Kandukūr
Kanigiri
Giddalūr
Rāmāyapatnan
Kāvali
Badvel
Kovūr
NELLORE
CUDDAPAH
Rājampet
Nandalūr
Gūdūr
Durgarajupatnam
Nāyudupeta
Rayachoti
Venkatagiri
Sri Kālahasti
Sūlūru
Tirumala
TIRUPATI
Pulicat
Ponneri
Tiruvattiyur
MADRAS
CHITTOOR
Punganuru
Palmaner
Gudiyattam
Sholinghur
VELLORE
Wālājāpet
KĀNCHIPURAM
Tāmbaram
Kelambakkam
Mahabalipuram
Tirukkalukkunram
Madurāntakam
Chengalpattu
Uttaramerur
Vandavāsi
Ārani
Polur
Vāniyambādi
Tiruvannāmalai
Tindivanam
Cheyūr
Merkānam
Villupuram
PONDICHERRY
Pondicherry
CUDDALORE
Tirukkoyilūr
Kallakkurichchi
Jayamkonda
Vriddhāchalam
Chidambaram
Sirkazhi
Perambalūr
Mayūram
KUMBAKONAM
Kārikāl
Pondicherry
THANJAVŪR
Ammāpettai
Nagappattinam
Mannārgudi
Thiruvarūr
Orattanādu
Tirutturaippūndi
Vedāranniyam
Pt. Calimere
Pudukkottai
Pattukkottai
Aranthangi
Devakottai
Sivaganga
Tiruppattūr
Paramakkudi
Ilaiyānkudi
Rāmanāthapuram
Rāmeswaram
Kīlakkarai
Dhanushkodi
Talaimannar
Kankesanturai
Point Pedro
JAFFNA
Chavakachcheri
Pooneryn
Kilinochchi
Mullaittivu
Nedunkeni
Pulmoddai
Vavuniya
Trincomalee
Kinniya
Mutur
Horowupotana
Mihintale
Kantalai
Medawachchiya
Maragahawewa
Tambuttegama
Puttalam
Kalpitiya
Galgamuwa
Padeniya
Kurunegala
Polgahawela
Matale
Chilaw
Valachchenai
Batticaloa
Kattankudi
Kalmunai
Eravur
Samanturai
Mannampitiya
Habarane
Dambulla
Madurankuli

Register

Seitenzahlen die auf Infoseiten hinweisen, sind **fett** gedruckt. Die Koordinaten in Klammern beziehen sich auf die Karte Seite 112/113.

Bereits erschienen

In Vorbereitung

Impressum

Verlag:
HB Verlags- und Vertriebs-Gesellschaft mbH, Alsterufer 4, 20354 Hamburg, Postfach 30 06 60, 20347 Hamburg, Tel. 040/41 51-04, Telefax 040/41 51-32 31.
Geschäftsführer:
Kurt Bortz, Dr. Joachim Dreyer, Eike Schmidt

Redaktion und Produktion:
Harksheider Verlagsgesellschaft mbH, Fabersweg 1, 22848 Norderstedt, Postfach 52 49, 22822 Norderstedt, Tel. 040/52 88 62-0, Telefax 040/5 23 40 56
Redaktion:
Ulrike Klugmann (verantwortlich)
Jörg Gensel

Text: Claudia Schneider, Baar
Fotografie: Gernot Huber, laif, Köln
Grafische Gestaltung:
Gerhard Keim, Frankfurt/Main
Kartografie:
© RV Reise- und Verkehrsverlag, München und Stuttgart
Kartographie: © GeoData, Geographische Datenbanken GmbH & Co. KG, Berlin · Hamburg · Leipzig · Stuttgart · Werder
Für die Richtigkeit der in diesem HB-Bildatlas Special angegebenen Daten – Adressen, Öffnungszeiten, Telefonnummern usw. – kann der Verlag keine Garantie übernehmen.
Nachdruck, auch auszugsweise, nur mit ausdrücklicher Genehmigung des Verlages.
Erscheinungsweise: zweimonatlich

HB-Bildatlas Special Fotoservice:
Harksheider Verlagsgesellschaft mbH, Postfach 52 49, 22822 Norderstedt, Tel. 040/52 88 62-22, Telefax 040/5 23 40 56

Vertrieb Zeitschriftenhandel:
Partner Pressevertrieb GmbH, Postfach 81 04 20, 70521 Stuttgart, Telefon 07 11/72 52-210, Telefax 07 11/72 52-375
Vertrieb Abonnement und Einzelhefte:
Zenit Pressevertrieb GmbH, Postfach 81 06 40, 70523 Stuttgart, Telefon 07 11/72 52-198, Telefax 07 11/72 52-333
Vertrieb Buchhandel:
Mairs Geographischer Verlag, Marco-Polo-Zentrum, D-73760 Ostfildern, Telefon 07 11/45 02-0, Telefax 07 11/45 02-340
Anzeigenalleinverkauf:
KV Kommunalverlag GmbH, Postfach 81 05 65, 81905 München, Telefon 089/92 80 96-24, Telefax 089/92 80 96-20

Satz: Lübecker Fotosatz GmbH, Lübeck
Reproduktionen:
Otterbach Repro GmbH & Co., Rastatt
Druck und buchbinderische Verarbeitung:
Klett Druck H. S. GmbH, Fritz-Klett-Str. 61–65, 71404 Korb
Gedruckt auf chlorfrei gebleichtem Papier
Printed in Germany
ISBN 3-616-06439-2

Titelbild: Elefantenmarsch in Trichur